新文京開發出版股份有限公司

新世紀・新視野・新文京 ― 精選教科書・考試用書・專業參考書

New Wun Ching Developmental Publishing Co., Ltd.

New Age · New Choice · The Best Selected Educational Publications—NEW WCDP

第 **4** 版

創意發想

袁長瑞｜編著

4th
Edition

CREATIVE MOTIVATION

創意自傳

系級：_____ 學號：_____

姓名：_____ mail：_____

目 錄
Contents

　　袁長瑞，字鷹揚山海，現年 58 歲，頭大髮疏、面平鬚多，生於嘉義。

　　幼時曾撲殺蚊子數隻，可謂不仁；及長，見蟻溺於水而未救，可謂不慈。不仁不慈，特別寵愛妻小。

　　29 歲結婚，已有男女各 1，均狡猾頑皮。

　　不喜錢財，每對樂透，以得三星為樂。閒時寫作，不得其法，常常有始無終，棄之字簍。書無所不買，大都未讀，並不著急。

　　教書做事還算認真，隨遇而安，尚未後悔，如此而已。再活 50 年，大概也沒什麼出息！

現 職：

文藻外語大學 通識教育中心專任副教授

著 作：

《LQ 商數－理則學》（臺北：新文京，2001/8）合著本

《看笑話，學邏輯 1》（臺北：稻田，2002/8）

《思考與創意思考》（臺北：新文京，2003/8）

《邏輯教室－袁大頭的推理遊戲時間》（臺北：天下文化，2003/8）

《靈光乍現－袁大頭的創意推理時間》（臺北：天下文化，2005/4）

《看笑話，長智慧》（臺北：出色，2005/5）

本書以「創意思考」為範疇，既有理論陳述，又有大量實例，加上問題討論與活動演練，可說是一本相當輕鬆且實用的教科書。

全書共有八大單元，適合一學期的課程安排。

「正文」中的每單元都有共通架構。依序說明如下：

「名人語錄」，每單元各有 3 則。每則都略去關鍵字眼，旨在鼓勵讀者先行思索可能詞彙，藉以培養主見。

「動動腦」，每單元各有一題。大都偏向右腦型態的水平思考，不求標準答案，請多方設想各種可能解答。

「暖身活動」，或動或靜，或個人或分組，是進入主題的敲門磚。

「問題與討論」，各章節皆提問一則相關議題，藉以反芻重點或演練技法。

「會心一笑」，每單元各提供一則附有「智慧詮釋」的笑話，藉以開心收尾。

「創意人」，每單元各介紹一位創意名家的生平及創意事蹟，藉以「站在巨人的肩膀上」。包括藝術家、科學家、音樂家、漫畫家……。

「創意物」，每單元各介紹一項特色十足的創意產品，包括建築景觀、生活用品、主題餐廳……。

「家庭作業」，每單元皆安排四題。建議至少擇一而做，以利整合所學。

「延伸閱讀及推薦網頁、影片」，介紹和單元主題相關的各項補充資料。

以上述共通架構為基礎，各單元的主要內容如下：

CHAPTER 01 動動腦與顛覆習慣

先點破人人與眾不同，開發心智因而並無標準做法，但卻可嘗試「動動腦」和「顛覆習慣」。緊接著說明人類大腦的構造甚深微妙，截至目前還無法被窮透。最後，強調每個人都受特定習慣制約，而以顛覆習慣的實務演練做結。

學習本單元，可充分了解開發心智的兩大基本原則及相關作法。

「創意人」介紹「天才中的天才達文西」。

「創意物」介紹「大峽谷玻璃天空步道」。

CHAPTER 02 心智枷鎖與智能多元論

先點破「心智枷鎖」是創意發想的最大絆腳石，不僅銬住自己想法，也扼殺他人生機。緊接著說明心智枷鎖由「先天缺陷」及「後天制約」兩者「交配」而成，幾乎讓人無所逃於天地之間。最後，批判「智力測驗」（IQ Test）是歷史上最具諷刺性的心智枷鎖，而以詳論迦納博士（Dr. H. Gardner）的八種基本智能作結。

學習本單元，可充分了解心智枷鎖的意義、成因，以及智能多元論的內容。

「創意人」介紹「自由思考的愛因斯坦」。

「創意物」介紹「杜拜帆船飯店」。

CHAPTER 03 垂直思考與水平思考

先點破「垂直思考」與「水平思考」分別為左、右腦所主導。緊接著說明兩種思考型態的特色與優缺點。最後,強調左、右兩腦是二而一的整體,而以批判過度強調垂直思考的教育制度作結。

學習本單元,可充分了解垂直思考與水平思考的內容與長短處,以及兩者的理想關係。

「創意人」介紹「印象音樂之父德布西」。

「創意物」介紹「泰國保險套主題餐廳」。

 CHAPTER 04 魔島理論與靈光乍現

先點破絕妙想法常在突然間浮現腦海。緊接著說明「魔島浮現」看似神秘,卻是長期醞釀的成果。最後,強調「靈光乍現」宛如天啟、可遇不可求,而以善盡人事的四大撇步作結。

學習本單元,可充分了解魔島理論的意義與靈光乍現的特色,以及激發靈光乍現的方法。

「創意人」介紹「卡通之父華德迪士尼」。

「創意物」介紹「抽水馬桶」。

 CHAPTER 05 模仿改良

先點破「模仿改良」可以賦予舊產品新生命。緊接著說明模仿改良旨在進行「創造性改變」。最後,強調模仿改良必須超越既定模式、重開新局,而以改變材料等五大著力點作結。

學習本單元，可充分了解模仿改良的涵義，以及運用策略。

「創意人」介紹「普普大師安迪沃荷」。

「創意物」介紹「打狗英國領事館」。

 CHAPTER 06　媒合聯結

先點破「媒合聯結」可以截長補短、再創「生」機。緊接著說明媒合聯結旨在進行「創造性整合」。最後，強調缺乏創造性整合只是大雜燴，而以耐久難忘的超強記憶術作結。

學習本單元，可充分了解媒合聯結的涵義、運用策略，以及超強記憶術的訣竅。

「創意人」介紹「芭比之母露絲」。

「創意物」介紹「樂高積木玩具」。

 CHAPTER 07　隱喻類比

先點破「隱喻類比」可讓人意會到妙不可言的深趣。緊接著說明隱喻類比是藉由巧妙性對照，傳達弦外之音。最後，強調隱喻類比由標的物、對照物和相似性三元素構成。而以牛頓「像是一個在海邊玩耍的小孩」作結。

學習本單元，可充分了解隱喻類比的涵義，以及運用策略。

「創意人」介紹「廣告教父奧威格」。

「創意物」介紹「電梯」。

CHAPTER 08 腦力激盪

　　先點破集思廣益往往比孤軍奮戰來得豐富與精彩。緊接著說明「腦力激盪」是一種在短時間內、由一群人激發出大量構想的方法。最後，強調實施腦力激盪務必遵守四大公約，而以 66 討論法、635 默寫法及 SBS 法作結。

　　學習本單元，可充分了解腦力激盪的意義、實施原則與步驟，以及改良的腦力激盪術。

　　「創意人」介紹「哆啦 A 夢之父—藤子・F・不二雄」。

　　「創意物」介紹「奇觀自然現象博物館」。

　　希望透過這樣的安排，可以讓教學與學習更加相得益彰。

　　祝　愉快！

袁長瑞
於文藻外語大學

01
CHAPTER

動動腦與
顛覆習慣

CREATIVE MOTIVATION

學習目標

一、了解開發心智的基本原則

二、了解動動腦的目的及做法

三、了解顛覆習慣的目的及做法

名人語錄（請發揮想像力，填入適當語句）

1. 人是會_____的蘆葦。

　　　　　　　　　　　—巴斯卡（Blaise Pascal，1623-1662，法國哲學家）

2. 所謂創意，只不過是能夠以_____的方式去理解事物的能力罷了。

　　　　　　　　　—詹姆士（William James，1842-1910 美國哲學家）

3. _____比知識還重要。

　　　　　—愛因斯坦（Albert Einstein，1879-1955，猶太裔美國科學家）

我的有關「動動腦」或「顛覆習慣」的名言（自創或引用）：

_____

_____

_____

_____

6 人划船過河

有 3 位傳教士和 3 個食人族,準備一起划船過河。

問題是,那條船每次最多只能載 2 人,而且划到對岸後,還必須有人划回來。更重要的是,不管在河邊或船上,只要食人族多於傳教士,傳教士就會被吃掉。

請問,這 6 人要如何搭配,才能相安無事的划船過河呢?

答:＿＿＿＿＿＿＿＿＿＿＿＿＿＿＿＿＿＿＿＿＿＿＿

＿＿＿＿＿＿＿＿＿＿＿＿＿＿＿＿＿＿＿＿＿＿＿＿＿

＿＿＿＿＿＿＿＿＿＿＿＿＿＿＿＿＿＿＿＿＿＿＿＿＿

＿＿＿＿＿＿＿＿＿＿＿＿＿＿＿＿＿＿＿＿＿＿＿＿＿

暖身活動

　　請換個方式使用隨身物品，如把手錶換戴另一手、皮帶反向穿⋯⋯。
至少維持 1 堂課的時間，然後寫下心得。

我做的是：＿＿＿＿＿＿＿＿＿＿＿＿＿＿＿＿＿＿＿＿＿＿＿＿＿

心得（1 堂課後填寫）：＿＿＿＿＿＿＿＿＿＿＿＿＿＿＿＿＿＿

＿＿＿＿＿＿＿＿＿＿＿＿＿＿＿＿＿＿＿＿＿＿＿＿＿＿＿＿＿＿＿

＿＿＿＿＿＿＿＿＿＿＿＿＿＿＿＿＿＿＿＿＿＿＿＿＿＿＿＿＿＿＿

＿＿＿＿＿＿＿＿＿＿＿＿＿＿＿＿＿＿＿＿＿＿＿＿＿＿＿＿＿＿＿

＿＿＿＿＿＿＿＿＿＿＿＿＿＿＿＿＿＿＿＿＿＿＿＿＿＿＿＿＿＿＿

1-1　前　言

國外有一個馬戲團，因為經營不善而宣告破產、關閉。

有位動物保育專家，買下其中一隻 8 歲大的雄猩猩，帶到非洲放生。

然而，這隻從小生活在馬戲團裡的猩猩，已經完全無法適應叢林生活。牠弱智、低能，孤苦伶仃、境遇淒涼，既填不飽肚皮，也交不到朋友、找不到配偶，還常常慘遭其牠猩猩的暴力凌虐，完全被排擠在猩猩社會之外。

半年後，牠暴屍荒野，成了禿鷹的食物。

從小訓練養成的生活習慣，是讓牠致命的最大關鍵。

愛因斯坦（Albert Einstein，1879-1955）曾說：「心智的使用如同一個降落傘，當它完全打開時，功能最大。」

這是一句深具啟發性的話。

問題是：「要如何才能把心智完全打開呢」？

這也是一個不折不扣的好問題。

可是，我們並無法設想出一個放諸四海而皆準的標準答案。

因為──每個人都與眾不同 [1]。

話雖如此，我們卻可以嘗試兩個「雖不中，亦不遠矣」的基本原則：「動動腦」和「顛覆習慣」。

---

1. 請參考 chapter 2 中的「智能多元論」

問題與討論 ①

　　大象是陸地上體積最大、力氣也最大的動物，只要牠願意「發作」，就可以輕易將很多東西夷為平地。

　　但在馬戲團裡，牠卻服服貼貼，「甘受」馴獸師的指令，甚至只要一條繩索，就可以把牠「擺平」。

　　請問，馬戲團裡的大象為什麼不願（或不能）掙脫繩索呢？

答：＿＿＿＿＿＿＿＿＿＿＿＿＿＿＿＿＿＿＿＿＿＿＿＿＿＿＿＿＿＿

＿＿＿＿＿＿＿＿＿＿＿＿＿＿＿＿＿＿＿＿＿＿＿＿＿＿＿＿＿＿＿＿

＿＿＿＿＿＿＿＿＿＿＿＿＿＿＿＿＿＿＿＿＿＿＿＿＿＿＿＿＿＿＿＿

＿＿＿＿＿＿＿＿＿＿＿＿＿＿＿＿＿＿＿＿＿＿＿＿＿＿＿＿＿＿＿＿

1-2　動動腦

大腦像台被施了魔法的紡織機，足以編織出獨一無二的創意。

　　—薛靈頓（Charles Sherrington，1857-1952，英國神經學家）

　　古希臘人相信，頭部是人體中唯一珍貴的地方，具有和整個人同等的神聖意義。頭是生命中樞，是「普塞克[2]」（Psyche）的居所。也就因此，智慧女神雅典娜（Athenaia）才能夠從天父宙斯（Zeus）的頭顱中出生。

　　1953 年 1 月 18 日，美國生物學家華生（James D. Watson，1928- ）和克里克（Francis Crick，1916-2004）兩人，因為共同發現脫氧核糖核酸（DNA）的雙螺旋分子結構，而高興大喊：「我們揭開生命奧祕了！」

　　然而，這恐怕只是一種過度興奮下的樂觀。

　　因為，截至目前，我們還仍無法窮透人類大腦運作的所有奧秘[3]。

---

2. 在希臘人的想像中，人死去時，靈魂會化作蝴蝶的樣子，從唇間飛走。這蝴蝶，就叫做「普塞克」（Psyche）。「普塞克」也因而被用來指涉精神、心靈、心理等層面的相關現象。

3. 大腦的奧妙，遠超乎我們所能想像。如：

　(1) 把全世界的電訊系統整合後拿來和大腦網絡相比，就好比一粒豆子對上整座花園。

　(2) 把大腦剝開攤平，面積大約不過一張餐巾。但如果把裡面的連結網絡取出（假設技術上可行），放入特製電腦裡，則那部電腦將會比地球還大。

　(3) 大腦在任何時間內都在不斷地進行化學反應，大約 10 萬至 100 萬個。

　(4) 大腦所能產生的思考模式，如果以標準打字機鍵打，在 1 之後的 0 可以填滿長達 1 千萬公里長的紙條。

　　人類大腦，可說是我們這一部份銀河系裡，最奇妙的構造，重約 1.4 公斤，隱藏在從眉毛上方起、越過頭頂到脖子後方的頭顱內，是受到最佳保護的人體器官，在血液、氧氣和養分的供輸上都居最優先地位。

　　大腦中擁有大約 140 億到 160 億個腦細胞，又分為「神經元」（neuron）及「神經膠細胞」（glia cell）兩種。前者是腦功能單元，約占腦容量的 2-3％；後者充滿空隙，保護並提供養分及能量給神經元。

　　每個神經元都會因接受刺激而發展出稱為「神經連鎖」（synape）的突觸（protuberances），藉以和其他神經元相互連結，形成網絡。

　　其中，較短像樹枝狀的，叫做「樹狀突」；較長而往外延伸的，稱為「軸突」。兩者形成超過 100 兆的交錯線路，使進入大腦的信息可以「電化式」（electrochemical）的方式儲存、傳輸、相互交流。

　　而這也就是說，孤立的神經元宛如廢物，唯有形成神經連鎖才能發揮作用。神經連鎖愈緊密，功能就愈強大。

　　一個不常用大腦的人，上了年紀後，智力會快速退化，甚至喪失記憶力、推理能力、方向感⋯⋯等，成為「體存腦亡」的老年失智症患者。

　　總而言之，大腦就像沉睡的巨人，需要我們使盡全力把他喚醒。

　　喚醒之道無它，消極上，應盡量避免使大腦遲鈍的壞習慣，如長期飽食、輕視早餐、甜食過量、睡眠不足、長期吸煙、少言寡語、蒙頭睡覺、不願動動腦、帶病用腦。[4]

　　積極上，則唯有「常動腦」。

---

4. 參見
　「http://big5.xinhuanet.com/gate/big5/news.xinhuanet.com/health/2007-05/25/content_6151485.htm」（九大不良習慣使大腦遲鈍）

問題與討論 ❷

　　據說頭大者腦容量比較大，而腦容量比較大者比較聰明，你的看法如何？請先連連看，再回答這個問題。

物　　　種
男人
女人
大象
猴子
狗
海豚
大猩猩
黑猩猩
貓
老鼠
兔子
抹香鯨

腦容量
9,200 公克
4,000 公克
1,400 公克
1,250 公克
1,200 公克
450 公克
350 公克
88.5 公克
65 公克
31 公克
9.3 公克
1.6 公克

我的看法：＿＿＿＿＿＿＿＿＿＿＿＿＿＿＿＿＿＿＿＿＿＿＿＿＿

＿＿＿＿＿＿＿＿＿＿＿＿＿＿＿＿＿＿＿＿＿＿＿＿＿＿＿＿＿＿＿＿

＿＿＿＿＿＿＿＿＿＿＿＿＿＿＿＿＿＿＿＿＿＿＿＿＿＿＿＿＿＿＿＿

＿＿＿＿＿＿＿＿＿＿＿＿＿＿＿＿＿＿＿＿＿＿＿＿＿＿＿＿＿＿＿＿

1-3 顛覆習慣

習慣，是一具偉大的殭屍。

— 貝克特（Samuel Beckett，1906-1989，愛爾蘭作家）

俄國生理學家巴甫洛夫（Ivan Petrovich Pavlov，1849-1936）有個以狗為對象的實驗。這個實驗結果被視為研究「條件反射」（conditional reflexes）的經典，並被稱為「古典制約」（classical conditioning）。不僅在學術界，對大眾文化也有著深遠影響力。[5]

每次提供食物時，同時搖鈴[6]表示吃東西時間到了。前幾次狗會因為有食物吃而流口水；幾次之後，雖然沒有食物，狗卻只要聽到鈴聲就會流口水。因為，牠已經「習慣性」地認定「必有」食物隨之而來。

1920 年，傳教士 Joseph Amrito Lal Singh，在印度米德納布爾，發現兩名與狼群同居共生的年幼女童：卡瑪拉（Kamala）和阿瑪拉（Amala）。

當時，卡瑪拉大約 7-8 歲，阿瑪拉大約 1 歲半。

兩人完全不懂人類語言，生活習慣都顯示出「狼樣」——會發出高嗓尖嘯、用四肢行走（手掌及膝蓋已經磨成厚結硬皮）、喜歡夜間活動、嗅覺及聽覺敏銳、嗜食生肉、不喜歡穿衣服。

---

5. 詳見「維基百科／伊萬‧巴甫洛夫」
（http://zh.wikipedia.org/wiki/%E4%BC%8A%E4%B8%87%C2%B7%E5%B7%B4%E7%94%AB%E6%B4%9B%E5%A4%AB）
6. 一說使用包括哨子、節拍器、音叉等工具發出聲響，並給予一些視覺上的刺激。

Singh 傳教士把她倆安頓在孤兒院裡，並加以教育。阿瑪拉一年後死亡，卡瑪拉則活到 1929 年，死於傷寒。

其實，我們每個人都很像那隻「巴甫洛夫的狗」。有些人甚至已經嚴重到像「印度狼女」。

自一出生，我們就開始受到特定的教養方式及週遭環境的制約，不論在品味、想法、眼光或處世態度上，慢慢養成某種特定習慣。

然後，習慣成自然，凡事自有定見（偏見）。於是，「司空見慣」、「耳熟能詳」、「太陽底下無新鮮事」，眾多發生在非習慣領域中的精采新鮮事，也就視而不見、聽而不聞了。

因此，為了創意發想，實在有需要「顛覆習慣」。

各行各業，都可從「顛覆習慣」中獲得極大益處。

如，瑞恩（Ryan Air）與易捷（Easyjet）等廉價航空公司，顛覆以客為尊的航空業傳統，不僅大幅縮減空服員人數、機位空間（以便增加座位），也不提供劃位、免費餐飲，機上更沒有窗戶遮陽板、雜誌袋、傾斜座椅，簡直「乏善可陳」。卻因票價低廉，業績好到火紅。[7]

某動物園因經營不善，面臨關閉邊緣。管理階層破釜沉舟，重金徵求起死回生的好點子。最後，採用某位年輕管理員的「大膽」建議：「以往都是把動物關在籠子裡，讓遊客看；現在不如反過來，讓遊客坐在汽車裡，把動物通通放出來。」結果，以「開放式動物園」重新開業，遊客絡繹不絕。

漫畫英雄超人（Superman）把內褲反穿在外，美國女星瑪丹娜（Madonna Louise Veronica Ciccone，1958-）把內衣反穿在外，兩者都因顛覆傳統衣著習慣，塑造出鮮明形象。

藉由顛覆習慣，職棒選手得以開發出不同的擊球方式，教師得以施展出不同的教學技巧，電影演員得以呈現出不同的表演方式……。

問題與討論 ③

　　請從下面圖形中，挑出一個與眾不同的圖形，並說明其與眾不同的地方。

答：_____

_____

_____

---

7. 參見《免費》（Free: The Future of a Radical Price）。Chris Anderson，羅耀宗、蔡慧菁（譯）。臺北：天下文化，2009。頁 24。

搭飛機？免費！

每年大約有 130 萬旅客從倫敦飛往巴塞隆納。都柏林的廉價航空公司瑞恩航空（Ryanair）一張票只賣 20 美元（10 英鎊）。其他的航線同樣便宜，瑞恩的執行長更表示，希望有一天，飛機上所有的座位都是免費的（也許用機上賭博來補貼，把飛機變成空中賭場）。飛越英吉利海峽的機票，怎麼會比你搭計程車到飯店還便宜？

瑞恩航空搭載一名旅客從倫敦飛到巴塞隆納得花 70 美元。回本的方式如下：

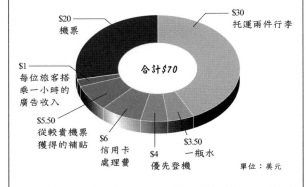

◆ **縮減成本**。瑞恩航空讓旅客在跑道上下機，節省登機門通行費。這家航空公司也利用磋商，降低運量清淡的機場落地費用。

◆ **提高附屬費用收入**。瑞恩航空的艙內食品和飲料要收費；優先登機、行李托運登記、攜帶嬰兒得加收費用；透過它的網站租車和預訂飯店房間要抽成；收費讓行銷商在機內打廣告；所有機票都要收信用卡處理費。

◆ **用較貴的機票彌補損失**。碰上旅遊旺季，同樣的航線收費超過 100 美元。

1-3-1　如何顛覆習慣

顛覆習慣，要有「不把一切視為理所當然」的心態，和「故意和自己做對」的氣魄。就像中世紀神學家奧古斯丁（St. Aurelius Augustine，354-430）所說的：

以前是想做什麼便做什麼，美其名自由，其實是慾望的奴隸。現在是想做什麼卻不去做，不想做什麼卻去做，這才是真自由！

王爾德（Oscar Wilde，1854-1900，愛爾蘭戲劇家）更是直接了當的勸告我們：

用新奇的方法思考和做事吧！不要只接受傳統名詞和老舊方法。

蕭伯納（G. B. Shaw，1856-1950，英國劇作家）的策略也很值得參考：

有些人看到事物的現狀，問「為什麼會這樣？」我則想像著事物從未有過的面目，並問「為什麼不是那樣？」

能夠如上所言，大概也就能夠體會星巴克總裁舒爾茨（Howard Schultz，1953-）的喜悅了：

我們喜歡打破規則，做到別人認為不可能的事情，這就是成功美好之處。

例如，賽跑，「理所當然」都是在比誰可以向前跑得最快，最早達到終點。但，你可曾「異想天開」，故意往後跑，甚至召集大眾，舉辦比賽？

　　可別小看這個想法，它可是一項新興的時尚運動，雖然不便看到背後路況，但卻趣味盎然，而且比一般往前的跑步更有益心肺功能。[8]

　　有「倒退者巴德」（曾先後創下 200 公尺、10 公里及馬拉松倒退跑金氏世界紀錄）之稱的提摩西‧巴德‧巴迪納（Timothy Bud Badyna）就表示，他自從開始倒退跑以來，在平衡感、聽力和視力方面都大有提升。[9]

　　根據這樣的說明，我們可以舉一反三，故意做出很多「顛覆習慣」的事。例如：

　　刷牙時一向習慣用右手，故意改換左手。

　　看電視時一向習慣看韓劇、日劇，故意改看大愛台。

　　上課時一向習慣坐在最偏遠的角落，故意改坐在前面最靠近老師的位置。

　　分組時一向習慣和熟人一組，故意改和不熟的人一組。

　　洗澡時一向習慣先洗頭髮、再洗身體，故意改先洗身體、再洗頭髮。

　　睡覺時一向習慣右側睡，故意改左側睡、趴睡或大字睡。

　　騎車時一向習慣從左邊跨上，故意改從右邊上。

　　看書時一向習慣把書拿正，故意改把書拿顛倒。

　　說話時一向習慣講求條理，故意改由後往前說。

---

8. 根據專家研究，倒退跑所燃燒的卡路里，比一般往前的慢跑要多五分之一，而且它能夠增強心肺和肌肉功能，對膝關節外科手術後的復健，以及腳踝、腹股溝等部位損傷後的復原大有幫助。

9. 參見 http://news.xinhuanet.com/video/2006-10/02/content_5164381.htm（運動新時尚：菲律賓孕婦扭起肚皮舞）。首段影片為《美國：倒退跑體驗『反常』的快樂》，以「倒退者巴德」為主角，介紹倒退跑運動。

寫字時一向習慣由左往右寫，故意改由右往左寫。

回家時一向習慣走同一條路，故意改走不同的路。

上樓時一向習慣搭電梯，故意改走樓梯。

散步時一向習慣走相同路徑，故意改只往左轉或往右轉。

穿襪子時一向習慣正著穿，故意改為反面穿。[10]

打籃球時一向習慣使用籃球，故意改為使用排球。

搭電梯時一向習慣沉默不語，故意改和旁人搭訕。

冬天時一向習慣穿毛衣，故意改穿短袖。

接電話時一向習慣說「您好」，故意改說「bye bye」。

吃飯時一向習慣張開眼睛，故意改閉著眼睛。

叫別人名字時一向習慣先姓後名，故意改先名後姓。

排隊繳費時一向習慣排在人數最少者後面，故意改排在最長的那一線。

....

10. 名演員史恩康納萊（Sean Connery）是襪子反穿的奉行者。他認為襪子的車線縫令人走起路來感到不舒服，所以特將襪子反穿。在《心靈訪客》（Finding Forrester）一片中，還特地以此入戲。

問題與討論 4

　　請列舉你還可以做哪些顛覆習慣的事（多多益善，至少 5 項）？並從中挑選一項，試著實作一星期（創意是從離開教室後開始）。

答：_____

_____

_____

_____

_____

心得（一星期後填寫）：

_____

_____

_____

_____

**會心
一笑**

　　幽默是高等的心智活動，非常有益創意發想，所以每單元最後都會加附一則取材自《看笑話，長智慧》（袁長瑞，台北：出色，2005/5）的笑話及智慧語錄，請細加體會，並完成「我的智慧」。

買水餃醬的查自典

　　查自典的媽媽鍾番英給了他一枚 50 元硬幣，要他去過琪雜貨店買一瓶水餃醬。

　　查自典走出家門後不久，就看到前方不遠處有一個老伯伯正在吆喝賣冰淇淋，看得他口水直流。最後，實在忍不住了，便花了 25 元買了三球。

　　然而，等他吃完到過琪雜貨店，才發現水餃醬一瓶要 28 元。無計可施下，只好兩手空空回家。

　　回到家後，查自典跟鍾番英說：「我一不小心把 50 元硬幣掉到地上了，拿起來只剩 25 元，不夠買水餃醬！」

　　鍾番英一聽，又好氣又好笑地說：「只要你告訴我 50 元硬幣是怎麼掉了 25 元的，我就不處罰你！」

長智慧（其一為名人語錄，其二為筆者所見，其三請自行發揮）：

(1) 任何笨蛋都能夠說謊，但要把謊話說得好，卻需要有幾分聰明。

　　　　　　　　　　　　－巴特勒（Samuel Butler，1835-1902，英國作家）

(2) 千萬別把謊言說得像奇蹟一樣，否則會無法自圓其說。

(3) 我的智慧：＿＿＿＿＿＿＿＿＿＿＿＿＿＿＿＿＿＿＿＿＿＿＿＿

創意人

天才中的天才達文西[11]

我漫無目的地在山野四處行走，為無法解釋的事物尋求可能答案。為什麼貝殼與一般海中可見的珊瑚、海草圖樣一起出現在杳無人跡的山上？為什麼雷聲比形成它的緣由持續得更久？為什麼閃電的出現只需剎那，雷聲傳達前卻需一段時間？投石於水，為何掀起層層漣漪！飛鳥為何能在空中停留？這些使我感到迷惑的問題及不可思議的現象，一直引我深思。

—達文西（Leonardo de Vinci[12]，1452-1519）

　　義大利藝術家達文西是舉世公認天才中的天才，擁有史上最全能的頭腦，在各領域都大放異彩。他不僅是一位偉大畫家，更是一位傑出的詩人、數學家、音樂家、建築師、軍事家、哲學家、⋯⋯。此外，他還擅長說故事，並且能燒一手好菜。

　　西元 1452 年 4 月 15 日，達文西出生在義大利文西鎮，據說是地主和農婦的私生子，由爺爺、奶奶和叔叔照顧長大。

　　達文西從小就對各種事物充滿好奇、喜歡探險，而且勤做筆記[13]，隨時隨地都把所看、所想詳細記錄下來。因此留下很多有關光學、機械、天文、地質、水利、植物和解剖學⋯⋯等方面的驚人手稿（約 13,000 多頁），領域之廣，超乎想像。

---

11. 參見 http://www.zhps.tp.edu.tw/~yang4522/p/2.doc（傳記報告／天才中的天才達文西）
    http://www.ling.fju.edu.tw/biolinguistic/data/people/leonardo.htm
    （Leonardo de Vinci）
12. 「達文西」（da Vinci）並不是姓，而是表示「文西鎮出身」（位於義大利佛羅倫斯附近）的意思。全名李奧納多‧迪‧瑟皮耶羅‧達文西（Leonardo di ser Piero da Vinci），意即文西城梅瑟‧皮耶羅之子—李奧納多（Leonardo, son of (Mes)ser Piero from Vinci.）。

從中，可看到各式各樣研究主題。包括，橋樑、塔樓設計、鳥類飛行原理、月球表面火山口、腎臟結構、人體解剖圖……等。更可以發現，他曾經設計過起重機、冷氣機、水力鬧鐘、望遠鏡、潛水艇、迫擊炮、機關槍、導引飛彈、坦克車、直升機、降落傘、旋轉舞台、摺疊家具、自動彈奏樂器、治療用搖椅、自動織布機、城市防禦及排水系統……等超越時代的先進產品。在這些發明中，他開啟了「自動化」的觀念，揭開日後工業革命的序幕。

繪畫上，達文西所完成的作品雖然不多，卻可看出，他是第一位把風景變成主題的西方藝術家。而且，他率先使用油畫原料，應用透視法、輕霧渲染法，以及許多創新又影響深遠的技法。

此外，達文西還有很多「創舉」。如：

他是第一位解剖人體結構的藝術家。

他是第一位描繪身體橫剖面器官的人。

他是第一位對子宮內嬰兒做出科學研究的人。

他率先做出頭腦和心室模型。

他率先描述植物的向地性以及向日性。

他率先注意到樹木年齡與橫剖面的年輪有關。

他率先說明植物中樹葉排序的系統。

他率先記錄土壤侵蝕現象。

---

13. 這些筆記都用「鏡像書寫」的方式反向記錄，必須藉由鏡子反照才能正確解讀。一般認為，這是達文西為了防止其他人竊取他的靈感與構想所採取的保護措施。

而且，早在哥白尼之前 40 年，他就已經注意到，「地球並非太陽軌道中心，也不是宇宙中心」。

早在伽利略之前 60 年，他就已經想到，應該利用「一種大型放大鏡」研究月球和其他天體表面。

早在牛頓之前 200 年，他就已經發現，「所有重量都會以最短方式朝中心落下」的現象。

早在達爾文之前 400 年，他就已經把人類、猴子和猩猩歸為同類。

………………

這樣的人，簡直已經「無所不知、無所不能」，被稱為「萬能者」，可說實至名歸。

以現代標準言，達文西並沒有受過高等教育，他的「博學多聞」、「多才多藝」，都是在好奇心與求知欲驅使下，透過敏銳觀察及勤於自修，一點一滴累積而成。

例如，為了培養感官的靈敏度，據說他每天都穿著天鵝絨和真絲衣服，藉以體驗觸感。他的工作室裡總是充滿鮮花和香水的芬芳，藉以培養嗅覺。

1519 年 5 月 2 日，達文西逝世於法國克盧城堡（Cloux），享年 67 歲。

心有所感：_____

_____

_____

_____

_____

創意物

　　創意作品是創意發想的具體實踐，常隱含豐富的創意養份，若能善加汲取，必能大大提升自己的創意能量。所以每單元最後都會介紹一件慧心獨運的創意物。請細加欣賞，並完成「我的聯想」。

大峽谷玻璃天空步道[14]

　　「大峽谷玻璃天空步道」，位於亞利桑納州華拉派印第安人保留地，已經在 2007 年 3 月 20 日正式啟用（2004 年 3 月動工）。是全世界最高、最險峻的觀景平台，也是 21 世紀建築的奇蹟，被譽為世界第八大奇觀。

　　這座天空步道被稱為「凌霄步道」（Skywalk），距離科羅拉多河大峽谷底約 1,158 公尺，從老鷹崖（Great Eagle Point）延伸而出成馬蹄形（從力學角度言，這是最理想的設計），最遠離谷壁 21 公尺，超過半個足球場長度。橋面約 3 公尺寬，由 3 英吋厚強化玻璃製造，並用 5 英尺高玻璃幕牆封閉起來。可承受時速高達 160 公里、由四面八方吹襲而來的強風。遊客只要付 25 美元（須先付風景區門票 49 美元），不用搭直升機，僅靠步行（為了保護玻璃橋，必須換穿特製鞋子），就可以「凌空」飽覽大峽谷氣勢磅礴的谷底風光。

　　加州華裔旅遊業者大衛‧金是這座玻璃橋的構思者，並與當地印第安部落合建，一共耗資 3,000 萬美元。

---

14. 參見：

　　http://www.bokee.net/bloggermodule/blog_viewblog.do;jsessionid=C4128DC362D1CDE9CBFBA99E180FC3BC.tomcat01?id=175305（大峽谷玻璃人行天橋）

　　http://www.epochtimes.com/b5/6/8/23/n1431498.htm（華裔美商奇思，大峽谷凌空千米造玻璃橋）

Skywalk 的底部以鋼樑支撐，橋墩則用 94 根鋼柱打進石灰岩壁、深入 14 公尺而成，還特別加裝 3 個鋼板避震器，總重約 49 萬公斤，相當於 4 架波音 757 客機。可以支撐 70 噸重，也耐得住芮氏規模 8 的地震。雖然同時承載 700 名壯漢都不成問題，但規畫的最大乘載量是 120 人。

鑑於可能有人在最後關頭卻步，更為了提供多元的休閒功能，玻璃天空步道旁還蓋了一座佔地 3 萬平方尺的遊客中心，裡面設有博物館、電影院、貴賓茶座、禮品店、餐廳和咖啡館，提供完善的室內、外活動設施，可供進行會議和特別典禮，如舉行婚禮。

至於膽大的人，如果覺得透明步道還不過癮，步道下方還規畫加裝纜車，讓人一嘗吊在天上的滋味。

我的聯想：_____

_____

_____

_____

_____

創意 發想
CREATIVE MOTIVATION

家庭作業 ▶ （作擇一題，答之於後）

1. 請任擇一位本單元曾提及的名人（如巴斯卡、詹姆士、巴甫洛夫）、或專有名詞（如 DNA、老年失智症、司空見慣），尋找相關資料及趣聞軼事，然後有創意的表達。

2. 閱讀〈大千世界，萬象心靈〉（王溢嘉，《世說心語－100 個生命的啟示》，臺北：野鵝，1996/11。頁 3-5）。然後摘錄三則佳句，加以眉批。並請說明自己與眾不同的地方何在？

3. 假設你是馬戲團裡一隻訓練有素的動物（請自定），表面上雖然生活安定、衣食無憂，內心裡卻藏有許多不為人知的心酸甘苦。請盡情的傾吐一下吧！

4. 請建議跟本單元主題相關的文章、網頁或視聽資訊，並說明出處及相關處。

我所選擇的作業及解答：＿＿＿＿＿＿＿＿＿＿＿＿＿＿＿＿＿

＿＿＿＿＿＿＿＿＿＿＿＿＿＿＿＿＿＿＿＿＿＿＿＿＿＿＿＿＿＿

＿＿＿＿＿＿＿＿＿＿＿＿＿＿＿＿＿＿＿＿＿＿＿＿＿＿＿＿＿＿

＿＿＿＿＿＿＿＿＿＿＿＿＿＿＿＿＿＿＿＿＿＿＿＿＿＿＿＿＿＿

＿＿＿＿＿＿＿＿＿＿＿＿＿＿＿＿＿＿＿＿＿＿＿＿＿＿＿＿＿＿

＿＿＿＿＿＿＿＿＿＿＿＿＿＿＿＿＿＿＿＿＿＿＿＿＿＿＿＿＿＿

延伸閱讀及推薦網頁、影片

1. 朱廼欣,〈健腦要靠多用腦〉(《腦醫生的大帽子》,臺北:健行,2005/10。頁 67-70)

2. 詹宏志,〈反手刷牙訓練法〉(《創意人》,臺北:臉譜,1996/6。頁 110-115)指出習慣是創意的最大障礙,一定要對它有所警覺,並有意排除,才能免於它的控制。

3. http://www.2ndbrain.com.tw/(Airwaves 啟動你的第二腦)。包括〈貳週刊〉、〈瞬間啟動第二腦〉、〈透析第二腦〉、〈發現第二腦現象〉、〈第二腦指數測驗〉、〈最新活動〉等單元,有令人噴飯卻又發人省思的文字及影片。

4. 影片《大腦演化》(The Brain:Our Universe Within－Evolution)。由 Discovery Channel 拍製,協和國際多媒體發行(人體奧秘系列－Discovery DVD(127)),片長 55 分鐘。由在沙尼達洞穴(伊拉克北部鄉間)挖掘出的尼安德塔人遺骸說起,探討人類意識的興起與大腦為回應環境需求所做的進化。對神經元、神經連鎖、突觸、樹狀突、軸突……等皆有深入而生動的描述。可作為「動動腦」章節的補充教材。

5. 影片《春風化雨》(Dead Poets Society)。本片於 1989 年發行,片長約 128 分鐘。描述 60 年代,美國某貴族學校新進英文教師 John Keating(Robin Willians 飾),以創新教法引導學生發現自我、「超越」學校所堅守的傳統(即在「傳統、榮譽、紀律、卓越」校訓下,以嚴格訓練培育出未來的律師、醫生、科學家等傑出人才)。全片圍繞在對教育方式及親子關係的探討,震撼人心的詩句隨時穿插其間,散發令人難以忘懷的魅力。尤其,John Keating 不斷藉由各種方式(如帶領學生到穿廊凝視傑出校友的照片、站上講桌眺望、在中庭用自己的步伐走路……),啟發學生「用不同眼光觀看世界」的情節,相當發人深省。可當作「顛覆習慣」章節的補充教材。[15]

---

15. 相關資訊及評論請參見:
　「http://www.imdb.com/title/tt0097165/」(Dead Poets Society)
　「http://lib.tngs.tn.edu.tw/fish/reports/rp-8905/rp-8905a/254.htm」(春風化雨)

02
CHAPTER

心智枷鎖與
智能多元論

CREATIVE MOTIVATION

學習目標

一、了解心智枷鎖的意義

二、了解心智枷鎖的成因

三、了解智能多元論的內容

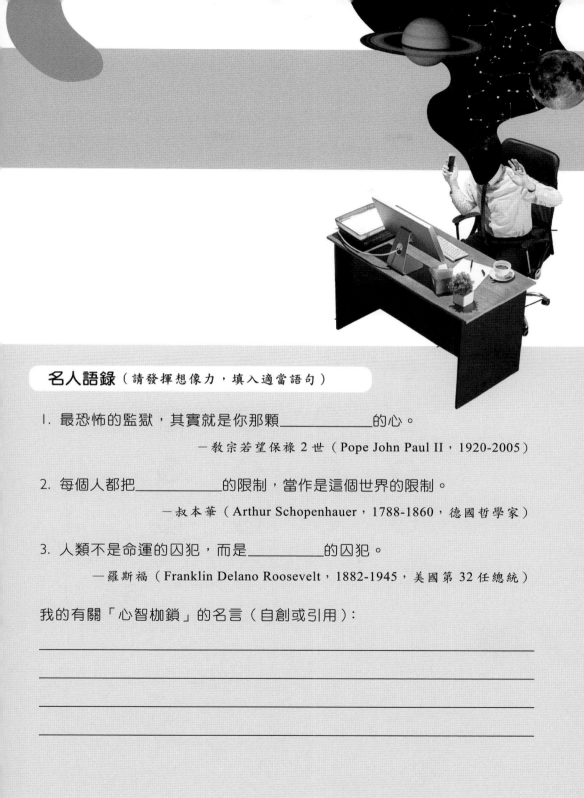

名人語錄（請發揮想像力，填入適當語句）

1. 最恐怖的監獄，其實就是你那顆＿＿＿＿＿＿的心。

　　　　　　　　　　　　　　　—教宗若望保祿 2 世（Pope John Paul II，1920-2005）

2. 每個人都把＿＿＿＿＿＿的限制，當作是這個世界的限制。

　　　　　　　　　　　　—叔本華（Arthur Schopenhauer，1788-1860，德國哲學家）

3. 人類不是命運的囚犯，而是＿＿＿＿＿的囚犯。

　　　　　—羅斯福（Franklin Delano Roosevelt，1882-1945，美國第 32 任總統）

我的有關「心智枷鎖」的名言（自創或引用）：

_____

_____

_____

_____

動動腦

如圖，16 個圓圈縱橫有序的排列。

請問，最少需要幾條「首尾相連」（即前一條尾端是後一條開端）的直線，才能 1 個不漏的劃過它們？

請直接於圖上作答。

提示：少於 7 條才能算「少」。

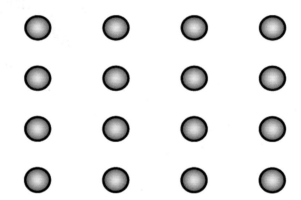

暖身活動

　　請先寫出再演出以下五種人，他們各自「應有」的年齡層、個性、打扮、交通工具、寵物、嗜好及怪癖，以及其他任何你能想到的狀況。

1. 偶像迷：＿＿＿＿＿＿＿＿＿＿＿＿＿＿＿＿＿＿＿＿＿＿＿＿＿＿＿

＿＿＿＿＿＿＿＿＿＿＿＿＿＿＿＿＿＿＿＿＿＿＿＿＿＿＿＿＿＿＿＿＿

＿＿＿＿＿＿＿＿＿＿＿＿＿＿＿＿＿＿＿＿＿＿＿＿＿＿＿＿＿＿＿＿＿

＿＿＿＿＿＿＿＿＿＿＿＿＿＿＿＿＿＿＿＿＿＿＿＿＿＿＿＿＿＿＿＿＿

2. 台客：＿＿＿＿＿＿＿＿＿＿＿＿＿＿＿＿＿＿＿＿＿＿＿＿＿＿＿＿＿

＿＿＿＿＿＿＿＿＿＿＿＿＿＿＿＿＿＿＿＿＿＿＿＿＿＿＿＿＿＿＿＿＿

＿＿＿＿＿＿＿＿＿＿＿＿＿＿＿＿＿＿＿＿＿＿＿＿＿＿＿＿＿＿＿＿＿

＿＿＿＿＿＿＿＿＿＿＿＿＿＿＿＿＿＿＿＿＿＿＿＿＿＿＿＿＿＿＿＿＿

3. 職業運動員：＿＿＿＿＿＿＿＿＿＿＿＿＿＿＿＿＿＿＿＿＿＿＿＿＿＿

＿＿＿＿＿＿＿＿＿＿＿＿＿＿＿＿＿＿＿＿＿＿＿＿＿＿＿＿＿＿＿＿＿

＿＿＿＿＿＿＿＿＿＿＿＿＿＿＿＿＿＿＿＿＿＿＿＿＿＿＿＿＿＿＿＿＿

＿＿＿＿＿＿＿＿＿＿＿＿＿＿＿＿＿＿＿＿＿＿＿＿＿＿＿＿＿＿＿＿＿

4. 銀行家：_____

_____

_____

_____

5. 受災戶：_____

_____

_____

_____

2-1　前　言

人們總試著以最適合自己的形式，替自己建構一幅簡化的世界影像。
然後，以之限制、取代經驗世界。

　　—愛因斯坦（A. Einstein，1879-1955，猶太裔美國科學家）

自古希臘時代開始，就一直有人試圖在 4 分鐘內跑完 1 英里
（1.609344 公里）。為了達成這目標，他們曾跑著讓獅子追，也嘗試喝
虎奶，但並沒什麼效果。久而久之，大家便有了共識：「沒有人可以在 4
分鐘內跑完 1 英里！」

幾千年來，大家對這個結論都深信不疑，並找到眾多支持理由：人
類體能有極限、骨骼結構不對、肺活量不足、風阻太大……。

這就是有名的「4 分鐘障礙」。

然而，終於有個人——英國的羅傑・班尼斯特（Roger Bannister），
證明大家都錯了——1954 年 5 月 6 日，他在溫哥華舉行的大英帝國運動
會（British Empire Games）上，突破了這個懸垂千年的障礙。

據說，除了加強體能訓練外，他還在腦海中不斷模擬以短於 4 分鐘
跑完 1 英里的畫面。結果，神經系統被輸入強有力指令，讓他完成「不
可能的任務」。

令人驚奇的是，這記錄僅僅維持了 46 天。之後，「4 分鐘障礙」一
次又一次被其他人打破。現在，世上能夠在 4 分鐘內跑完 1 英里的運動
員超過數百名。

人類骨骼結構沒有發生突變，環境阻力（如風阻）也沒有突然消失，
為什麼會發生這種「不可思議」的事？

那是因為——

人的心態改變了！

把潛能從「心智枷鎖」的禁錮中解放出來。

問題與討論 ❶

　　有一座橋，橋的兩頭都各立有一塊告示牌，上面寫著斗大的字「不准過橋」，每邊也都各有一位守橋員。奇怪的是，每天卻仍然有人大搖大擺的來來往往。請問，這到底是怎麼一回事？（請至少提出 5 種可能的答案，多多益善）

答：＿＿＿＿＿＿＿＿＿＿＿＿＿＿＿＿＿＿＿＿＿＿＿＿＿＿＿＿＿

＿＿＿＿＿＿＿＿＿＿＿＿＿＿＿＿＿＿＿＿＿＿＿＿＿＿＿＿＿＿＿＿

＿＿＿＿＿＿＿＿＿＿＿＿＿＿＿＿＿＿＿＿＿＿＿＿＿＿＿＿＿＿＿＿

＿＿＿＿＿＿＿＿＿＿＿＿＿＿＿＿＿＿＿＿＿＿＿＿＿＿＿＿＿＿＿＿

＿＿＿＿＿＿＿＿＿＿＿＿＿＿＿＿＿＿＿＿＿＿＿＿＿＿＿＿＿＿＿＿

2-2　心智枷鎖

人們自命不凡的頭腦裡往往被為數很少、熟知的事物所佔據，沒有地方去容納那些尚不知曉、數之不盡的事物。

— 蕭伯納（G. Bernard Shaw，1856-1950，英國劇作家）

影片《神采公路》（Interstate 60，參見本單元「延伸閱讀及推薦網頁、影片」4.）中有段情節描述，男主角歐尼爾因腦傷住院期間，醫生雷拿著一堆撲克牌前來，然後逐一抽換，要他說出花色，以便檢測是否已經恢復健康。

雖然雷換牌的速度愈來愈快，但歐尼爾都能一一說出花色，並自信已經輕鬆過關。但實際上並沒有，因為當中有兩張「異常」的撲克牌是「黑心 6」和「紅桃 6」，歐尼爾卻「習以為常」的把它們視為「黑桃 6」和「紅心 6」。

歐尼爾認為雷作弊，雷告訴他沒玩過牌的小孩子都通得過這測驗，但他卻被經驗所限，認為一定只有「黑桃 6」和「紅心 6」，心眼不開，無法接受其他可能。

這就是「心智枷鎖」。

它是創意發想最大的絆腳石。

心智枷鎖導致先入為主的刻版印象，讓自己被習以為常的想法銬住，容納不下別的可能。也就因此，既無法有效面對新情境中的問題，也缺乏隨機應變、就地取材的彈性與開放，甚至更因而扼殺自己或他人的生機。

以「聖地」為例，對多數人而言，聖地應該是安詳、潔淨而且井然有序；而非燥熱、吵雜、塵土飛揚、蠅蟲亂飛而且臭氣沖天的。然而，

像菩提伽耶或瓦拉納西等地，完全是一片混亂，卻仍然被佛教徒尊崇為真正神聖的地方，遠比潔淨的瑞士更令人心曠神怡。[1]

日本公共廣告機構（Japan Ad Council）拍攝了一部呼籲大家支持孩童基金會（Support The Children's Foundation）的公益廣告，相當發人深省。

片中描述某小學上美術課時，老師要小朋友們畫出心中最喜歡的動物，於是各式各樣、色彩繽紛的皮卡丘、瓢蟲、金龜子……等紛紛出籠。

但，有位小朋友卻拼命把整張紙塗黑。

老師感到事態嚴重，便向校方反應，並親自拜訪家長。

大家都憂心忡忡，認為這位小朋友生病了，而且還病得不輕。（他還是一張接著一張在塗黑）於是只好向專家、繼而醫學權威求救。

想不到連他們也束手無策。

最後不得已，只能忍痛把他送到精神療養院。（他還是一張接著一張在塗黑）

就在那裡，他終於完成了他的作品，大家也才終於「恍然大悟」，原來他並沒有生病，他只是在畫一條大鯨魚。

影片最後浮現兩行字：

How can you encourage your child？

Use your imagination.

大人們的「心智枷鎖」，幾乎扼殺了一位小孩子的生機。

到底是誰比較「病態」？

---

1. 參見《朝聖：到印度佛教聖地該做的事》。宗薩蔣揚欽哲諾布（著），姚仁喜（譯）。臺北：親哲，2010。頁21。

問題與討論 ❷

請以「家庭」為例，說明何謂「正常」？何謂「異常」？

正常家庭：＿＿＿＿＿＿＿＿＿＿＿＿＿＿＿＿＿＿＿＿＿＿＿＿＿＿

＿＿＿＿＿＿＿＿＿＿＿＿＿＿＿＿＿＿＿＿＿＿＿＿＿＿＿＿＿＿＿＿

＿＿＿＿＿＿＿＿＿＿＿＿＿＿＿＿＿＿＿＿＿＿＿＿＿＿＿＿＿＿＿＿

＿＿＿＿＿＿＿＿＿＿＿＿＿＿＿＿＿＿＿＿＿＿＿＿＿＿＿＿＿＿＿＿

異常家庭：＿＿＿＿＿＿＿＿＿＿＿＿＿＿＿＿＿＿＿＿＿＿＿＿＿＿

＿＿＿＿＿＿＿＿＿＿＿＿＿＿＿＿＿＿＿＿＿＿＿＿＿＿＿＿＿＿＿＿

＿＿＿＿＿＿＿＿＿＿＿＿＿＿＿＿＿＿＿＿＿＿＿＿＿＿＿＿＿＿＿＿

＿＿＿＿＿＿＿＿＿＿＿＿＿＿＿＿＿＿＿＿＿＿＿＿＿＿＿＿＿＿＿＿

2-3　心智枷鎖的成因

當你唯一的工具是一把鎚子時，每個問題都開始像一根釘子。

—馬斯洛（Abraham Maslow，1908-1970，美國心理學家）

心智枷鎖主要是由「先天缺陷」及「後天制約」兩種因素所造成。

據研究，一般人上了年紀後，就會因為積習已久的心智枷鎖而導致創意度大幅滑落，大約只剩 5 歲時的 2%，成為名副其實的死腦筋。

2-3-1　先天缺陷

小知不及大知，小年不及大年。奚以知其然也？朝菌不知晦朔，蟪蛄不知春秋，此小年也。楚之南有冥靈者，以五百歲為春，五百歲為秋；上古有大椿者，以八千歲為春，八千歲為秋。而彭祖乃今以久特聞，眾人匹之，不亦悲乎！

—莊子《逍遙遊》

每個人自一出生，就會逐漸藉由各種感官去接收周遭環境所傳達的信息，並加以歸納分析，而後作出詮釋與反應。

不幸的是，這樣的過程，卻因為知覺系統與心理傾向的先天缺陷，而充滿瑕疵。

例如，每個人都有視覺盲點，在大約每隻眼睛視焦外 15 度的一小塊視網膜上，實際上並沒有感覺細胞存在，落入該區的任何影像都不曾被看到。然而，由於眼球轉動快速，造成短暫的視覺記憶填滿空檔，以致於我們總是不自覺而又大言不慚的說「眼見為真」。

此外，我們的知覺系統還常常會發生錯覺，隨意對所接收到的信息「加油添醋」。例如，請比較以下 A、B 兩個圖形中的直線那一條比較長？

A：⟵―――――⟶

B：⟩―――――⟨

　　這是著名的「穆勒萊爾錯覺」（Muller-Lyer illusion，又稱「箭形錯覺」）。乍看之下，B 圖形中的直線好像比 A 圖形中的直線長，但實際上兩條直線一樣長。之所以會「誤判」，是受到線條兩端箭頭向內或向外的影響。[2]

　　再者，還有「知覺適應」的問題。一旦我們認定某物為何，知覺就會發生變化，賦予該物特定意義，同時產生心理上的期待，再也無法從之前的角度及心態去看待它。「李廣引弓射虎」[3] 便是非常典型的案例。

---

2. 此外，還有弗雷澤螺旋、閃爍網格、埃冰斯錯覺、曲線錯覺、伯根道夫環形錯覺、托蘭斯肯彎曲錯覺、曲線正方形、謝潑德桌面……等 80 幾種錯覺圖形，都在證明我們知覺系統的缺陷。請參見
http://www.netboy365.com/article.asp?id=1374（世界權威視覺專家的圖片藝術）
http://www.geocities.com/SoHo/Coffeehouse/8800/h_tpage01.htm（視錯覺）
http://translate.google.com/translate?hl=zh-TW&sl=zh-CN&u=http://www.7picture.com/cjyl.asp&sa=X&oi=translate&resnum=2&ct=result&prev=/search%3Fq%3D%25E9%258C%25AF%25E8%25A6%25BA%26complete%3D1%26hl%3Dzh-TW（奇圖觀止/錯覺原理）
3. 據說，此事發生在現今內蒙古自治區赤峰市寧城縣境內：「廣出獵，見草中石，以為虎而射之，中石沒鏃，視之，石也。因復更射之，終不能復入石矣。」（司馬遷《史記》〈李將軍列傳〉）唐代詩人盧綸（748-800？）曾為詩讚嘆：「林暗草驚風，將軍夜引弓。平明尋白羽，沒在石棱中。」（〈塞下曲〉）

　　「知覺適應」之後，就會產生「知覺疲乏」。所謂「入芝蘭之室，久而不聞其香；入鮑魚之肆，久而不聞其臭。」[4]知覺系統非常容易適應所接受的訊息，然後便停止反應。例如，剛進入廚房時，或許會聞到瓦斯漏氣味道，但一下子嗅覺就失靈了。

　　再說心理層面，我們大都具有「厭惡不確定感」、以及「好逸惡勞」的傾向。

　　由於「厭惡不確定感」，所以每當在一堆「雜亂無章」的事務裡，看不出任何關聯性時，便會焦躁不安，急於為它們「創造」出一種因果關係。想當然，這種迫於無奈的「創造」，絕大部分都是「純屬虛構」。但，卻常被執著為真。對此，電影《心靈訪客》（Finding Forrester）一片裡，有一句經典對白：

　　人在無法理解的情況下，通常會預做假設。但若內心已偏向另一面時，這個假設也就不是假設了。

　　由於「好逸惡勞」，當面對新處境或新問題時，會懶於採用新角度及新策略。反而非常樂於尋找「似曾相識」的感覺，採用「似曾相識」的詮釋與解決方案。如此一來，當然也就麻痺不仁、了無新意了。

---

4. 《孔子家語》卷四〈六本〉：「與善人居，如入芝蘭之室，久而不聞其香，即與之化矣；與不善人居，如入鮑魚之肆，久而不聞其臭，亦與之化矣。」

問題與討論 ❸

　　下圖中，你看到了什麼輪廓？除了兩個人頭，一個花瓶，還有什麼？
請寫下答案，多多益善。（此圖由丹麥心理學家 **Edgar Rubin** 所提出）

我看到的是：_____

原因：_____

_____

_____

_____

2-3-2 後天制約

父輩的謊言，會成為子輩的信念。

　　—尼采（F. W. Nietzsche，1844-1900，德國哲學家）

據説，某心理學家曾做過如下的「猴子實驗」：

把五隻猴子關在同一個籠子裡，籠子上方吊著一串香蕉，並有一個感應裝置，只要一偵測到有猴子要拿香蕉，就會立即啟動籠子外面的噴水系統。

一開始，有隻猴子試著要拿香蕉，水柱馬上狂噴過去，把牠們五個弄得又濕又痛，但大家都不知道發生了什麼事？

陸續每隻猴子都想去拿香蕉，下場當然都一樣。最後，牠們達成一個「聰明的」共識：「只要拿香蕉，就會有水柱噴過來。所以，千萬不要去拿香蕉！」

於是，就這樣相安無事了一陣子。

後來，實驗人員把一隻新猴子（A 猴子）放入籠內，並帶走一隻舊猴子。

A 猴子看到香蕉，忍不住跑過去想要拿。卻立刻被其牠四隻猴子狠狠揍了一頓，因為牠們深怕 A 猴子做出那件「蠢事」，害牠們被水柱狂噴，那滋味可不好受。

之後，A 猴子還試了幾次，但每次都被打得滿頭包。於是，牠學乖了，不再去動香蕉。而牠從頭到尾都沒有被水柱噴過。

後來，實驗人員再帶來另外一隻新猴子（B 猴子），再帶走另一隻舊猴子。

B 猴子看到香蕉，當然也忍不住跑過去想要拿，結果也被其牠四隻猴子狠狠揍了一頓（A 猴子揍得最兇）。幾次之後也學乖了。而牠從頭到尾也都沒有被水柱噴過。

　　舊猴子一隻接著一隻被換掉，圍毆事件也一再發生，水柱也都沒有再開啟過。

　　到最後，所有最初的那五隻舊猴子都換成了新猴子。而每隻新猴子都不曾被水柱噴過，但每一隻都很「識相」，都乖乖的不敢去動那串香蕉。

　　這就是「制約」（Conditioning），一種經由環境塑造所養成的意識型態與行為模式。

　　美國開國初期的黑奴，無法選擇自己人生，只有被買賣、奴役的份。運氣好的，主人或許會對他人性一點，讓他有休息時間和還吃得下的食物。運氣差的，全天候毫無尊嚴的做牛做馬，恐怕連生重病了都不能就醫，更遑論被凌辱、虐殺的慘況。

　　悲哀的是，被奴役久了，他們大都已經「適應」。有少數黑奴想要起來反抗、爭取「人」權，甚至還得到一些白人的支持；但，大部份黑奴卻擔心害怕，如果造反下場會更悽慘，恐怕連命都不保。於是，那少數黑奴便成為不受同胞歡迎的「異端」，受到仇視、詆毀，甚至出賣。

　　這也是「制約」，一種禁錮心智與行動力的「魔咒」。

　　某天，沙崇劑搭計程車外出。

　　半路上，他突然想問司機馬陵蜀一件事，於是拍了一下他的肩膀。想不到，馬陵蜀嚇得哇哇大叫，差點發生車禍。

　　沙崇劑馬上道歉：「真對不起，沒想到會把你嚇到！」。

　　「啊，是我自己的問題啦！」馬陵蜀不好意思地說：「我是第一天開計程車，過去我是開靈車的。」

　　這還是「制約」，一種呈現「功能固著」（functional fixedness）與「思維定勢」的反射動作。

　　「後天制約」，常會化身為「倫常規範」或「傳統智慧」，以便保持「魔力」、繼續迷惑人心。如：

　　三從四德。

　　君子遠庖廚。

　　天下沒有不是的父母。

　　男大當婚，女大當嫁。

　　嫁雞隨雞，嫁狗隨狗。

　　吃得苦中苦，方為人上人。

　　囝仔人，有耳無嘴。（台）

　　做牛著拖，做人著磨。（台）

　　…………

　　實際上，我們今日的信念、想法，絕大部分是延續過去而來。「後天制約」的魔咒實在不容忽視，它讓我們受到蒙昧，無視於就在身旁的遍地寶藏。

　　總而言之，「先天缺陷」加上「後天制約」，交配出「心智枷鎖」。把自己、甚至他人禁錮在一個自以為安全的堡壘中，它沒有城門，或許連幾扇得以看見藍天的小窗也沒有。而這也就誠如約翰生（Samuel Johnson，1709-1784，英國文學家）所說的：

　　心智的鐵鍊都太小，甚至感覺不到，但等到有所感覺時，它們卻又堅固得無法掙脫。

問題與討論 ④

　　請以兩性為範圍，列舉生活中一些讓你覺得莫名其妙、已經不合時宜的倫常規範或傳統智慧（多多益善，至少 5 個）。請先連連看，再回答這個問題。

做田要有好田底
尪仔某是
好歹粿著愛也甜
查某囡仔人
歹尪罵某
做著歹田望後冬
別人的某
驚某大丈夫
聽某嘴
一尪一某無人知
惹熊惹虎
狗母若無搖獅

狗公不敢來
好歹查某著愛也生
娶媳婦要有好娘奶
相欠債
娶到歹妻一世人
睏昧過五更
打某豬狗牛
乞食工藝也著學
歹鑼累鼓
大富貴
謙通惹到赤查某
一尪二某捨四代

答：_____

_____

_____

_____

2-4 智能多元論（Theory of Multiple Intelligences，簡稱 MI）

> 從某個角度說，每個人都像自閉兒一樣被鎖了起來。突破桎梏以後，
> 眼前景象煞是驚人，根本就像來到另一個世界。
>
> ——威爾森（Robert Wilson，1941- ，美國導演）

歷史上最具諷刺性的心智枷鎖，是通行已久的「智力測驗」（IQ Test）。

它是以比納（Alfred Binet，1857-1911，法國心理學家）及西蒙（Theodore Simon，1873-1961，法國心理學家）兩人，在 1905 年提出的「比納－西蒙量表」為基礎，利用包括字詞定義、數學問題，感覺反應、記憶測驗……等數百道和語文及數學相關的題目，檢定受測者的心智能力，並藉以預測他們未來的發展[5]。由於只局限在語言表達、邏輯思考和經驗認知上的評估，所以根本無法客觀有效地反映出一個人在其它方面的過人之處。

試想，天才中的天才達文西，如果在尚未充分發揮潛在心智能力前，就參加由這些專家所設計的「智力測驗」，結果會如何？

恐怕不樂觀，甚至比一般人更難看。

1983 年，美國哈佛大學心理學家迦納博士（Dr. H. Gardner），基於心理學與神經生物學的研究成果，出版《心理架構——智能多元論》（Frames of Mind：The Theory of Multiple Intelligences）一書，提出每個人都具有七種用來學習新知、解決問題、或開創新局的基本智能[6]：

---

5. 計算公式為：IQ＝（心智年齡/實際年齡）×100。

一、語文智能（linguistic intelligence）：有效掌握和運用口語或書寫文字的能力；包括對文法、修辭、音韻、語義、後設語言……等的敏感性。律師、演說家、編輯、作家、記者……等職業，特別需要開發此種智能。代表人物有美國脫口秀節目名嘴賴利金（Larry King，1933- ）、文壇一傑二月河等（1945- ）等。

二、邏輯－數理智能（logical-mathematical intelligence）：有效運用數字和推理的能力；包括對分類、推論、概括、假設、陳述及其他相關抽象概念等的敏感性。科學家、數學家、會計師、統計學家、稅務官員、電腦軟體研發人員……等職業，特別需要開發此種智能。代表人物有牛頓（Issac Newton, 1642-1727）、賈伯斯（Steve Paul Jobs, 1955- ）等。

三、空間智能（spatial intelligence）：準確感知視覺空間，並將之適切表現出來的能力；包括對色彩、線條、形狀、形式、空間、方位……，及它們之間關係的敏感性。嚮導、獵人、室內設計師、建築師、攝影師、畫家……等職業，特別需要開發此種智能。代表人物有米開朗基羅（Michelangelo, 1475-1564）、貝聿銘（1917- ）等。

四、肢體－運作智能（bodily-kinesthetic intelligence）：善於運用、調整肢體，以表情達意、創作、或改造事物的能力；包括特殊的身體技巧（如平衡、敏捷、力量、彈性、速度），以及由觸覺所引起的敏感性。演員、舞蹈家、運動員……等職業，特別需要開發此種智能。代表人物有網球天王費德勒（Roger Federer，1981- ）、台灣之光王建民（1980- ）等。

---

6. 迦納後來又和同事做了進一步分類，列出 25 項次要智力。他並以「智能多元論」榮獲路易斯維里大學葛羅威麥耶獎(Grawemeyer Award)，同時獲得麥克阿瑟基金會的天才獎，並獲頒 14 個榮譽博士學位。

五、音樂智能（musical intelligence）：能夠感受、辨別、欣賞及創作音樂的能力；包括對節奏、音調、旋律及音色……等的敏感性。作曲家、演奏（唱）家、音樂評論家、調琴師……等職業，特別需要開發此種智能。代表人物有大提琴家馬友友（1950-　）、創作才子王力宏（1976-　）等。

六、人際智能（interpersonal intelligence）：長於溝通、談判，善解人意並能與人融洽相處的能力；包括對表情、聲音、動作、情緒、意向和動機……等的敏感性。政客、心理輔導師、公關、推銷員、行政人員……等職業，特別需要開發此種智能。代表人物有甘地（Gandhi, 1869-1948）、台灣卡內基之父黑幼龍。

七、內省智能（intrapersonal intelligence）：有自知之明、並據此自律、自尊，做出適當行為的能力；包括對自己有相當瞭解，意識到自己內在情緒、意向、動機和欲求……等的敏感性。道德家、神職人員……等職業，特別需要開發此種智能。代表人物有慈濟功德會創辦人證嚴法師（1937-　）、文藻外語學院董事長斐德修女等。

　　1997 年，迦納博士又提出「自然觀察者智能」（naturalist intelligence），成為第八種智能。意指能夠辨識礦物、生物（如動、植物）及自然景觀（如雲層、石頭的演化），對它們分門別類，並加以運用的能力。達爾文（Charles Darwin, 1809-1882）是代表人物[7]。

　　根據迦納博士的說法，每個人都擁有這八種智能，只是在發展上，有些特別發達，有些普普通通，有些較為遲鈍。然而不管如何，它們總是相互影響、相輔相成。每個人都有屬於自己統合運用的方式[8]，用以完成不同工作、解決不同問題，在不同領域發展。

---

7. Checkley, K., "The firstseven and The Eighth: A Conversation with Howard Gardner", Educational Leadership, 55(1), 1997, pp.8-13。
8. 每一種智力都有多種表現方式，例如，某一位語文智力較發達的人，他或許不識字，但卻能夠唱作俱佳地說故事。

大體而言，每種智能啟動的時間各自不同。

例如，孩童階段，在空間、肢體－運作和音樂等智能上，大都已經有很好的成熟度。而語文、邏輯－數理等智能，則因為需要依賴符號系統才能運作，所以大都必須經過學習和熟練後才能漸入佳境。至於人際和內省等智能，則往往更需要歷經人生風浪才會有較突出的表現。

以個人而言，則各項智能的發展或遲或速，絕不能一概而論。如：

唐代詩人白居易（772-846），早在 6 歲時便展現語文才華，16 歲就寫出「野火燒不盡，春風吹又生」[9]這樣膾炙人口的詩句。

宋代文學家蘇洵（1009-1006）則晚至 27 歲時才開始發憤讀書[10]，閉門苦讀多年才通曉六經百家之說。

「控制論」[11]創始人維納（Norbert Wiener，1894-1964，美國數學家）是天才兒童，早在 4 歲時就大量閱讀書籍，9 歲讀高中，14 歲大學畢業，18 歲以關於數理邏輯的論文獲得博士學位。

---

9. 〈賦得古原草送別〉：
    離離原上草，一歲一枯榮。野火燒不盡，春風吹又生。
    遠芳侵古道，晴翠接荒城。又送王孫去，萋萋滿別情。
    本詩是白居易 16 歲時做應考詩的習作。當時科場考試規定，凡指定的詩題，題目前須加「賦得」二字，要求很嚴，因此向來少有佳作。此詩不但是「賦得體」中的絕唱，更是唐詩中的精品。
10. 《三字經》：「蘇老泉，二十七，始發憤，讀書籍。」
11. 控制論是「關於在動物和機器中控制和通訊的科學」，研究各類系統的調節和控制規律。維納曾如此說明：「設有兩個狀態變量，其中一個是能由我們進行調節的，另一個則無法控制。這時我們面臨的問題是如何根據那個不可控制變量從過去到現在的信息，來適當地確定可以調節的變量的最優值，以實現對於我們最為合適、最有利的狀態。」此一理論廣泛應用在自動控制、通訊技術、數理邏輯、電腦科學、神經生理學、統計力學、行為科學等學科。而今天我們所談的最佳濾波器、接收機、適應性系統、目標追蹤、飛機、輪船導航……等，也都得益於它。

牛頓（Issac Newton，1642-1727，英國物理學家）則自幼不善表達，在校期間，表現平平。15 歲時更因家計關係，曾輟學務農。後來卻成為震爍古今的科學巨人。

最後，更重要的是，後天適當的環境與教養，對各項智能的開發，具有關鍵性影響。如，某人縱使有很高的舞蹈天份，但卻一直沒機會接觸舞蹈，那他這方面的智能就絕不可能得到發揮。而這也就是很多人之所以會「小時了了，大未必佳」的主因。

 問題與討論 ⑤

請根據「智能多元論」的說法，反思自己目前較被開發與較被壓抑的智能，並利用「陽光圈」（the circle of Sunshine）設想精進或改進之道。

較被開發的智能：＿＿＿＿＿＿＿＿＿＿＿＿＿＿＿＿＿＿＿＿＿＿＿

較被壓抑的智能：＿＿＿＿＿＿＿＿＿＿＿＿＿＿＿＿＿＿＿＿＿＿＿

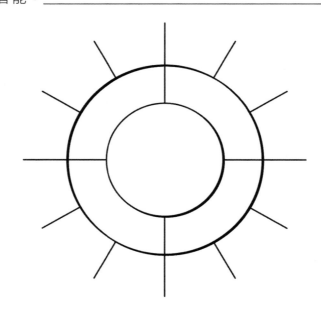

結婚前夕的問題

馬莉在結婚前夕問媽媽連夢璐說:「媽!有件事我想問妳!」

「啊!我知道妳要問什麼!」連夢璐說:「明天晚上妳就要面對這個人生的大問題了,首先妳應該知道男人的身體構造和女人是不同的,所以……」

「媽,我早就知道怎麼做那種事了,」馬莉打斷連夢璐的話說:「我只是想問妳『佛跳牆』的做法!」

長智慧:

(1) 人之所以會犯錯,不是因為他們不懂,而是因為他們自以為什麼都懂。

　　 ─盧梭（Jean Jacques Rousseau,1712 - 1778,法國哲學家）

(2) 所謂過來人,就是還沒聽完問題就急著提出答案的人。

(3) 我的智慧:＿＿＿＿＿＿＿＿＿＿＿＿＿＿＿＿＿＿＿＿＿

創意人

自由思考的愛因斯坦[12]

現代教育事業竟然沒有扼殺研究的好奇心，真是一項奇蹟。脆弱的小樹苗需要鼓勵和自由，否則將枯萎。主張規範和責任感能引發觀察和研究樂趣的想法，真是大錯特錯。

　　　　　　　　　　　　　—愛因斯坦（Albert Einstein，1879-1955）

　　愛因斯坦，生於德國烏爾姆，從小有些「駑頓」，三歲還不會說話。念書時，功課平平，不受注意與喜愛。拉丁文老師甚至曾公開斥責兼「預測」他「將一事無成」。

　　17 歲時（1896），愛因斯坦進入瑞士蘇黎世聯邦工業大學（ETH）師範系學習物理學。由於只投注心力在吸引他的問題上，對於不感興趣的科目則完全不屑一顧，物理教授韋伯（H. Weber）因此對他頗感不耐，曾對他說：「你很聰明，但有個缺點，你聽不進別人的話。」

　　其實，愛因斯坦並非狂妄自負到目中無人，他只是對強調權威、服從的制式教育非常反感。如，他曾「明目張膽」地說：

　　　　一隻再健康的馴獸，如果不斷用鞭子威脅牠，逼牠在不餓時進食，牠也會喪失胃口。

　　　　唯一會妨礙我學習的，是我所受到的教育。

　　這當然對以教書為業的教師們的尊嚴有所「損傷」，也就因此，21 歲畢業（1900/7）後，並未能如願留校擔任教職，只能靠家教維生。直到 23 歲（1902/6），才在同學格羅斯曼（M. Grossman）父親協助下，進入伯恩專利局（Bureau），擔任鑑定員。（鑑定新發明儀器）

---

12. 參見：

http://www.bud.org.tw/museum/s_star06.htm（科學名人堂／愛因斯坦）
http://zh.wikipedia.org/wiki/%E9%98%BF%E5%B0%94%E4%BC%AF%E7%89%B9%C2%B7%E7%88%B1%E5%9B%A0%E6%96%AF%E5%9D%A6（維基百科／阿爾伯特‧愛因斯坦）

一般人或許會認為，這是一件卑微的工作。但，愛因斯坦卻如魚得水。他常說，如果一開始他就留在大學裡教書，那就必須花時間準備教材和升等論文，也就沒什麼時間享受自由思考的樂趣了。

　　在沒有任何名師指導、以及缺乏研究設備的環境下，愛因斯坦卻能憑藉自由思考的精神，在 26 歲時（1905），完成 4 篇革命性論文 [13]，並隨後導出 $E = mc^2$ 的公式。這一年也就因此被稱為「愛因斯坦奇蹟年」。百年後的 2005 年，也被定為「世界物理年」。

　　31 歲時（1915），愛因斯坦發表廣義相對論。對宇宙現象所做的預測，如「光線經過太陽引力場時會彎曲」、「引力波」……，日後一一得到觀測或實驗證實，這讓他成為家喻戶曉的世界級人物。

　　然而，聲譽雀起的他，卻由於反戰立場和猶太人身分，常招來德國及其他國家軍國主義者與排猶主義者的惡毒攻擊。導致他獲得諾貝爾獎的事情一波三折 [14]。

　　73 歲時（1952），以色列共和國請愛因斯坦去擔任總統，然而他並沒有接受。因為，這並非他的專長，而且與個性不合。

---

13. 分別為：
　(1)〈關於光的產生和轉化的一個啟發性觀點〉
　(2)〈根據分子運動論研究靜止液體中懸浮微粒的運動〉
　(3)〈論運動物體的電動力學〉
　(4)〈物體慣性與其所含能量有關嗎？〉
14. 從 1909 年被提名為候選人起，幾乎每年都有著名科學家提名他，而且提名者越來越多，但每次都擦身而過。原因是，當時德國社會充斥一股反相對論潮流。反對者，不僅有無知無恥政客和三流物理學家，還有像勒納德（P.E.A.Lenard，1862-1947。1905 年以「陰極射線」得獎）和斯塔克（J.Stark，1847-1957。1919 年以「極隧射線中的多普勒效應和譜線在電場中的分裂」得獎）這樣的諾貝爾物理獎獲獎人。他們甚至揚言，如果授予愛因斯坦諾貝爾獎，就要退回自己的獎項。因此，瑞典科學院只能以拖延戰術應對。1921 年，愛因斯坦終於榮獲諾貝爾物理學獎。

　　由於善於自由思考，愛因斯坦常見人所未見，除了科學上的成就外，他對人情世事的看法，也充滿智慧，常發人深省。如：

> 如果我的相對論是對的，德國會說我是德國人，法國會說我是世界公民。如果相對論錯了，法國會說我是德國人，德國會說我是猶太人。

> 鮮少有人能鎮定地表達與他們的社會環境之偏見相左的意見，大多數人甚至無法形成這種意見。

心有所感：_____

_____

_____

_____

_____

創意物

杜拜帆船飯店 [15]

杜拜（Dubai），位於阿拉伯灣海岸，佔地約 3,900 平方公里 [16]，是阿拉伯聯合酋長國中第二大國，也是全世界國民所得最高的國家。

杜拜因石油致富，在王儲建議下，由企業家出資、英國建築大師 W.S. Atkins 設計，於阿拉伯海填造一座人工島，然後建造一間頂級飯店——阿拉伯塔旅館(Burji Al Arab Hotel)。因外型像艘揚帆的船，所以又暱稱「帆船飯店」。

這個飯店，以金、紅、藍三色為主，呈現阿拉伯風情；不僅外觀無與倫比（高 321 公尺，全球第一），內部更是金璧輝煌（大廳牆壁使用金箔壁紙，共耗 450 公斤黃金）。加上，從電梯設計、休息區沙發材質，到獨家空運水果籃、巧克力、黃昏點心，甚至盥洗用品及沙灘袋品牌，都極具巧思，幾近完美。奢華程度令人嘆為觀止，所以被評比為「7 星級」。

大廳挑高 20 公尺，內有兩大噴泉池，每隔 15-20 分鐘，就會有不同的噴水主題。而且，搭乘快速電梯，只要半分鐘便可到達標高 200 公尺的 27 樓景觀餐廳。不論白天、黃昏或深夜，都可坐擁壯麗景觀。

房間部分，共有 202 間，每間都 2 層樓高，全部落地玻璃窗，隨時可以面對一望無際的阿拉伯海。

---

15. 參見：http://www.showly.com/forumdisplay.php?f=2（仙境.com）
　　http://www.ettoday.com/2005/10/11/11336-1854855.htm（「直升機接客算啥，帆船飯店搭潛艇到海底用餐才叫酷！」）
　　http://www.backpackers.com.tw/forum/showthread. php?t=7960（阿酋七星級旅館：杜拜帆船酒店 BURJ Al-ARAB HOTEL）
16. 台北市、新北市總面積合計 2,323 平方公里；高雄市總面積合計 2,945 平方公里。

　　除了「高度高」、「等級高」外，服務品質更高。服務人員比顧客多 1 倍，隨時隨地讓人倍顯尊榮。如，一踏進房間，管家早就在那裡等候差遣。離開房間後回來，會發現室內已經整理乾淨。游完泳上岸，剛剛隨手丟置的浴巾已經變得整齊，礦泉水也已換新；沖澡後手一伸，早已有人候在那裡等著遞給你毛巾。

　　當然，房價也非常高。最便宜的房間有 60 坪大，每晚約新台幣 4 萬元。再高等級的，就是要價 45 萬元台幣的皇家套房。雖然昂貴，但想要入住皇家套房的人，甚至要在一年前事先預約，熱門程度可見一斑。

　　最令人瞠目結舌的是，不僅有勞斯萊斯及直昇機往返機場專屬接送，更用潛水艇把顧客送到海底餐廳用餐。3 分鐘的航程，觸目所及，盡是色彩鮮艷的熱帶魚、珊瑚礁和海洋生物，沒有人會記得他是置身在中東沙漠地帶。

　　站在這艘「帆船」上，海天一色、盡收眼前。狂大的風，甚至讓人可以感受到風帆的晃動。

我的聯想：＿＿＿＿＿＿＿＿＿＿＿＿＿＿＿＿＿＿＿＿＿

＿＿＿＿＿＿＿＿＿＿＿＿＿＿＿＿＿＿＿＿＿＿＿＿＿＿＿

＿＿＿＿＿＿＿＿＿＿＿＿＿＿＿＿＿＿＿＿＿＿＿＿＿＿＿

＿＿＿＿＿＿＿＿＿＿＿＿＿＿＿＿＿＿＿＿＿＿＿＿＿＿＿

＿＿＿＿＿＿＿＿＿＿＿＿＿＿＿＿＿＿＿＿＿＿＿＿＿＿＿

家庭作業 ▶ （作擇一題，答之於後）

1. 請任擇一位本單元曾提及的名人（如叔本華、馬斯洛、蕭伯納），
   或專有名詞（如黑奴、智力測驗、控制論），尋找相關資料及趣聞
   軼事，然後有創意的表達。

2. 閱讀〈應怎樣「耕」傳播的「田」〉(彭家發，《認識大眾傳播》，
   台北：台灣，1997/3，頁 25-9)。然後摘錄至少三則讓你有所感觸
   的句子，並說明自己所曾有過的心智枷鎖。

3. 英國哲學家培根（Francis Bacon，1561-1626）曾經提出四種必須徹
   底掃除的心智枷鎖，稱之為「四大偶像」（Four Genera of the Idols）。
   請尋找相關資料，說明其內容。

4. 請建議跟本單元主題相關的文章、網頁或視聽資訊，並說明出處
   及相關處。

我所選擇的作業及解答：＿＿＿＿＿＿＿＿＿＿＿＿＿＿＿＿＿＿＿＿

＿＿＿＿＿＿＿＿＿＿＿＿＿＿＿＿＿＿＿＿＿＿＿＿＿＿＿＿＿＿＿＿

＿＿＿＿＿＿＿＿＿＿＿＿＿＿＿＿＿＿＿＿＿＿＿＿＿＿＿＿＿＿＿＿

＿＿＿＿＿＿＿＿＿＿＿＿＿＿＿＿＿＿＿＿＿＿＿＿＿＿＿＿＿＿＿＿

＿＿＿＿＿＿＿＿＿＿＿＿＿＿＿＿＿＿＿＿＿＿＿＿＿＿＿＿＿＿＿＿

＿＿＿＿＿＿＿＿＿＿＿＿＿＿＿＿＿＿＿＿＿＿＿＿＿＿＿＿＿＿＿＿

＿＿＿＿＿＿＿＿＿＿＿＿＿＿＿＿＿＿＿＿＿＿＿＿＿＿＿＿＿＿＿＿

延伸閱讀及推薦網頁、影片

1. 詹宏志，〈創意的絆腳石〉（《創意人》，臺北：臉譜，1996/6。頁 74-98）。內容包括血統主義、直線主義、逆變心理及影響創意的情意習慣。文末，並附有吳靜吉博士所提的「抹殺觀念檢核表」。

2. 鄭匡宇，《全民搭訕運動》（臺北：紅色文化，2005/8）。社會上普遍認為搭訕是不正經的人才會做的不正經事。作者顛覆此種心智枷鎖，主動和異性搭訕，並把經過、結果與心得寫下來。

3. http://www.ting-wen.com/iq/lq.asp（智力測驗）。共有 11 題隱含陷阱的趣味題，可用來檢測自己對某些事物是否存有心智枷鎖及刻版印象。http://www.ting-wen.com/mility/militest.asp（性向智力測驗學生版）。共有 30 題涵蓋語文、算數及圖形的所謂「智力題」，可用來體會傳統智力測驗之「令人不安」及「蠻橫無理」的弊端。

4. 影片《神采公路》（Interstate 60）。本片於 2002/4 發行。描述對人生意義及未來前途感到茫然困惑的年輕人歐尼爾（James Marshall 飾），開車進入一條在地圖上找不到的州際公路，與一位神祕指引者展開一趟奇妙的旅程。（有點類似《牧羊少年的奇幻之旅》的情節）[17]。

5. 影片《心靈訪客》（Finding Forrester）。本片於 2000 發行。描述大作家威廉佛瑞斯特（Sean Connery 飾），在榮獲普立茲文學獎後，因不願別人隨意評論他的作品，銷聲匿跡 40 年。因緣際會下，認識了領獎學金的體育系黑人資優生勞勃布朗（F. Murray Abraham 飾），倆人因為共同的文學愛好，發展出一段短暫卻感人的師生情誼。最後，佛瑞斯特以潛移默化的方式激發出勞勃的寫作潛能，協助他發現未來的真

---

17. 官方網站為：http://www.interstate-60.com/

正出路；而勞勃也讓佛瑞斯特重新尋回人生的夢想。可當作「智能多元論」補充教材 [18]。

---

18. 相關資訊及評論可參見：

http://www.allbook.com.tw/board/ghost-board.asp?MainPage=1&AutoID=47（影評）

http://mypaper.pchome.com.tw/news/omikasil/3/1234586672/20031202215541（驛站報報 40/關於電影/心靈訪客）

http://www.nhu.edu.tw/~society/e-j/49/49-24.htm（看電影，學輔導—從「心靈訪客」認識「認知行為學派」）

03
CHAPTER

垂直思考與
水平思考

CREATIVE MOTIVATION

學習目標

一、了解垂直思考的特色及優缺點

二、了解水平思考的特色及優缺點

三、了解垂直思考與水平思考的理想關係

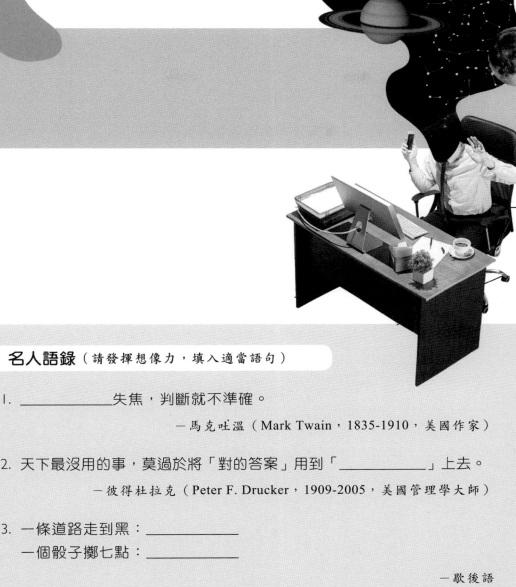

名人語錄（請發揮想像力，填入適當語句）

1. ＿＿＿＿＿＿失焦，判斷就不準確。

   —馬克吐溫（Mark Twain，1835-1910，美國作家）

2. 天下最沒用的事，莫過於將「對的答案」用到「＿＿＿＿＿」上去。

   —彼得杜拉克（Peter F. Drucker，1909-2005，美國管理學大師）

3. 一條道路走到黑：＿＿＿＿＿
   一個骰子擲七點：＿＿＿＿＿

   —歇後語

我的有關「垂直思考」或「水平思考」的名言（自創或引用）：

＿＿＿＿＿＿＿＿＿＿＿＿＿＿＿＿＿＿＿＿＿＿＿＿＿＿＿＿＿＿

＿＿＿＿＿＿＿＿＿＿＿＿＿＿＿＿＿＿＿＿＿＿＿＿＿＿＿＿＿＿

＿＿＿＿＿＿＿＿＿＿＿＿＿＿＿＿＿＿＿＿＿＿＿＿＿＿＿＿＿＿

＿＿＿＿＿＿＿＿＿＿＿＿＿＿＿＿＿＿＿＿＿＿＿＿＿＿＿＿＿＿

年關將至，某戶人家請清潔公司派員清掃煙囪。

隔天一早八點，兩位穿著整齊的清潔工出現，手腳俐落鑽進煙囪裡工作，直到下午五點才完工。

令人驚訝的是，其中一人已經全身髒兮兮，另一人卻乾淨如新。

兩人對看一眼，請問，誰會去洗澡？為什麼？

我的解答：_____

_____

_____

_____

　　請逐一練習如下動作，然後選擇其中一項加重練習，以求熟練。

1. 左手劃方，右手同時劃圓。

2. 左手水平畫，右手同時垂直畫。

3. 左手摩擦左大腿，右手同時敲打右大腿，然後換左手敲打左大腿，右手同時摩擦右大腿。

4. 右食指由內往外轉圈，左食指同時由外往內轉圈。

　　我選擇加重練習的是第_____項。

　　熟練度（請擇一打勾）：□極佳　□佳　□還好　□差　□極差

3-1　前　言

　　把一隻蜜蜂和一隻蒼蠅同時放進一個玻璃瓶裡，然後蓋上瓶蓋；再把玻璃瓶平放，瓶底朝向較光亮處，再打開瓶蓋。

　　請問，那一隻昆蟲比較容易從瓶口飛出去？為什麼？

　　答案是，蒼蠅。

　　因為蜜蜂有趨光性，執著於出口必然就在最明亮處的信念，只管拚命往前衝[1]。對牠而言，瓶底根本不是問題，甚至，根本沒有瓶底這種障礙物。

　　蒼蠅則缺乏條理，只管四下亂飛，誤打誤撞從瓶口飛出去的機率自然大增。

　　比喻的説：

　　蜜蜂，屬於垂直思考。

　　蒼蠅，則屬於水平思考。

　　可怕的是，如果把蒼蠅關在瓶子裡幾天，再打開瓶蓋。會發現，蒼蠅多半無視於瓶口已經被打開的「事實」，而繼續「被」留在瓶內不走。牠們似乎死守著一個不存在的瓶蓋，因而放棄自由飛走的可能性。

　　大腦有左、右兩半球，兩者形狀相似，功能卻大不同，分別執掌不同的智能活動。如圖：

---

1. 心理學家把這種現象稱為「早期認知承諾」。亦即，在還未察覺、或未完全理解外界刺激前，就已經因為某些因素而自動產生的特定想法。

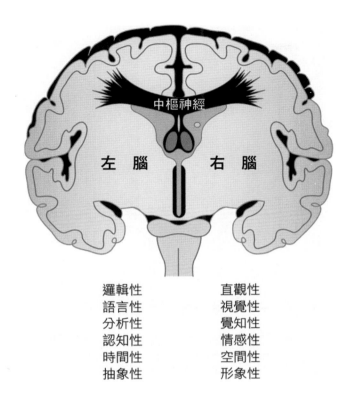

邏輯性	直觀性
語言性	視覺性
分析性	覺知性
認知性	情感性
時間性	空間性
抽象性	形象性

　　左腦屬於循序式（sequential），會累積並辨識邏輯、數字、文字……等。例如，當「湖」這個字映入眼簾後，左腦便會搜尋腦海裡已經建構的文字資訊來解讀字義。這種型態的思考又稱為「垂直思考」。

　　右腦屬於隨機式（random access），擅長處理節奏、影像、圖形……等。例如，右腦會把「湖」這個字轉換成影像資訊，變成像是一片湛藍的水面之類的圖形，甚至聯想到鏡子、漁船……等不同東西。這種型態的思考又稱為「水平思考」。

 創意 發想
CREATIVE MOTIVATION

 問題與討論 ❶

以下圖形看起來像什麼？多多益善，最少 10 項。

答：_____

_____

_____

_____

_____

3-2　垂直思考

吉江島大學裡，物理系教授穆乃伊正在舉行小考。

題目只有一題：「如何利用一支氣壓計，測量出一棟建築物高度？」

朱羅濟回答：「把氣壓計綁上一條繩子，從屋頂垂到地面，然後測量繩子長度。」

穆乃伊非常不高興，認為他敷衍了事，給他零分。

兩人於是吵了起來。

校長金自塔聞訊趕來協調。最後，請老師穆乃伊就同一道題目再給朱羅濟一次作答機會。

朱羅濟這次回答：「分別在屋頂和地面測量壓力，然後把壓力差換算成建築物高度。」

穆乃伊終於露出滿意的笑容，不計前嫌，給了他 100 分。

可是，這下換校長金自塔生氣了，朱羅濟明明知道答案，為何一開始要草率做答呢？這不是擺明在愚弄大家嗎？！

於是決定把他退學。

穆乃伊和金自塔的思維模式，屬於「垂直思考」。

因為，他們認為一個問題只有一種對的解決方法。

垂直思考（vertical thinking），又稱為「理性思考」（rational thinking）、「聚斂思考」（convergent thinking）。是由左腦所主導的思考方式。

　　它鎖定問題，講求條理，朝唯一目標「標準答案」勇往直前。具有如下四大特色：

　　一、遵守邏輯規則

　　二、追求標準答案

　　三、是非對錯分明

　　四、重質不重量

答案

　　這種思考方式，有兩種基本型態：

　　演繹式（Deductive）：根據相關提示，特別是已知的一般性原理，推出合乎邏輯的結論。例如：

　　只要是人都會死，

　　苟始淡是人，

　　所以，「苟始淡會死」。[2]

　　歸納式（Inductive）：根據相關提示，尤其是個別訊息，總結出一個通則。例如：

---

2. 這種推論方式稱為「三段論證」（syllogisms），是亞里斯多德（Aristotle，384-322 B.C.，古希臘哲學家）傳統邏輯的主要內容。

孔子死於西元前 479 年，

蘇格拉底（Socrates）死於西元前 399 年，

莊子死於西元前 286 年，

奧古斯丁（St. Augustine）死於西元 430 年，

穆罕默德（Mohammed）死於西元 632 年，

文天祥死於西元 1283 年，

哥倫布（Christopher Columbus）死於西元 1506 年，

德川家康死於西元 1616 年，

牛頓（Issac Newton）死於西元 1727 年，

歌德（J. W. V. Goethe）死於西元 1832 年，

波特萊爾（Charles Baudelaire）死於西元 1867 年，

托爾斯泰（Leo Tolstoy）死於西元 1910 年，

齊白石死於西元 1957 年，

三島由紀夫死於西元 1970 年，

⋯⋯⋯⋯⋯⋯

所以，「只要是人都會死」。

總而言之，垂直思考講究條理，以導出單一答案為主。它比較有效率，不浪費時間在「已知」的事務上；但囿於定見，難於有所創新。過度依賴，很容易陷入窠臼、錯失生機。

以挖寶為喻，垂直思考是功能強大的開挖工具，可以把開挖地弄大、弄深，縱使有巨石在前，也不會迴避、退縮。但，如果挖錯地方，則不僅徒勞無功，損害也將難以估計。

  問題與討論 ❷

　　某天，鍾莉、張樺和陶媛三位好朋友一起到外地旅遊，當晚就住在一家民宿。三人各拿出 1,000 元，湊成 3,000 元付住宿費。

　　民宿老闆後來知道她們三人是同鄉，便決定只收 2,500 元，於是叫服務生把 500 元退還給她們。哪知服務生一時起了貪念，把 200 元放入自己口袋，只退還 300 元，讓每人各拿回 100 元。

　　問題是，每人實際上只出了 900 元（1,000－100＝900），三人共湊成 2,700 元（900×3＝2,700）。但是，2,700＋200＝2,900，剛剛不是有 3,000 元嗎？

　　請問，不翼而飛的 100 元跑哪兒去了？

答：＿＿＿＿＿＿＿＿＿＿＿＿＿＿＿＿＿＿＿＿＿＿＿＿＿＿＿＿＿

＿＿＿＿＿＿＿＿＿＿＿＿＿＿＿＿＿＿＿＿＿＿＿＿＿＿＿＿＿＿＿＿

＿＿＿＿＿＿＿＿＿＿＿＿＿＿＿＿＿＿＿＿＿＿＿＿＿＿＿＿＿＿＿＿

＿＿＿＿＿＿＿＿＿＿＿＿＿＿＿＿＿＿＿＿＿＿＿＿＿＿＿＿＿＿＿＿

3-3　水平思考

不管白貓黑貓，只要能抓老鼠的就是好貓。

ー鄧小平（1904-1997，前中國總理）

回到前面氣壓計那個題目，朱羅濟是屬於「水平思考」。

因為，他知道那個題目有很多種可能的答案。

水平思考（lateral thinking），又稱為「創意思考」（creative thinking）、「擴散思考」（divergent thinking）。是由右腦所主導的思考方式。

它從問題輻射而出，隨機跳動，彼此間（想法與問題、或各個想法間）可能毫無關聯。具有如下四大特色：

一、沒有特定法則

二、不求標準答案

三、是非對錯不明

四、重量不重質

問題

這種思考方式，沒有基本型態，天馬行空、無拘無束，或許有些想法會令人（特指垂直思考型態者）啼笑皆非，但卻常有別出心裁、超乎預期之處。

優質的水平思考，必定兼顧「流暢性」（fluency）與「變通性」（flexibility）。

流暢性意指，能夠在短時間內提出眾多相應的想法。

變通性意指，在所提的眾多想法中，包含各式各樣獨特的層面。

以「磚塊有何用途」這個問題為例，流暢性就是能夠立即提出諸如「蓋房子、蓋圍牆、蓋堤防、蓋爐灶、蓋床、蓋書桌、蓋椅子、蓋枕頭、蓋廁所、蓋烤肉架、蓋電視櫃、蓋煙囪、蓋水井、蓋墓碑、蓋迷宮、蓋門檻、鋪路、景觀佈置、分隔線……」等相關答案。

然而，這些答案並不具變通性，因為它們都僅屬「蓋東西」這個層面。必須再提出像「磨刀石、壓門防風吹、打水飄、排字形、比賽（如丟磚塊）、止滑（如車子停在斜坡時放在輪胎後方）、表演特技、當攻擊武器、電玩（坦克車打磚塊）、裝飾品（如馬賽克磚）、練功健身（如陶侃搬磚）、飲料或食物或招牌名稱（如磚塊紅茶、磚塊蛋糕、磚塊餐飲）、整人禮物、罵人（「茅坑裡的磚頭－又臭又硬」）、騙人（如偽裝成金條）、歌詞（葉啟田的「故鄉」）、讓工人有工作可以養家活口、……」等這些答案，才算具有變通性。

總而言之，水平思考沒有章法可言，以引發多元想法為訴求。它不落俗套，有益於除舊佈新、另開新局，但流於天馬行空、不切實際。過度耽溺，很容易失之空幻、無所作為。

再以挖寶為喻，水平思考是預測寶藏可能所在地的偵測器，可以設想各種可能的開挖地點。但，如果不知篩檢，只圖包山包海，則反而會讓人無所適從。

問題與討論 ❸

　　請針對以下的腦筋急轉彎及燈謎提出「好妙」的答案：

1. 用什麼方法可以讓冰很快變成水？＿＿＿＿＿＿＿＿＿＿＿＿＿＿

2. 美國哪一位總統的跆拳道最強？＿＿＿＿＿＿＿＿＿＿＿＿＿＿＿

3. 小胖為什麼老是吃兩個便當？＿＿＿＿＿＿＿＿＿＿＿＿＿＿＿＿

4. 什麼動物把頭切斷，體積就會變大？＿＿＿＿＿＿＿＿＿＿＿＿＿

5. 孫中山為什麼會禿頭？＿＿＿＿＿＿＿＿＿＿＿＿＿＿＿＿＿＿＿

6. 老闆和員工誰比較大？＿＿＿＿＿＿＿＿＿＿＿＿＿＿＿＿＿＿＿

7. 小白和爸爸長得很像，猜一成語？＿＿＿＿＿＿＿＿＿＿＿＿＿＿

8. 打電話給烏龜，猜一蔬菜名。＿＿＿＿＿＿＿＿＿＿＿＿＿＿＿＿

9. 哪一種昆蟲比較有錢？＿＿＿＿＿＿＿＿＿＿＿＿＿＿＿＿＿＿＿

10. 無聊的時候開車閒逛，猜一藥名？＿＿＿＿＿＿＿＿＿＿＿＿＿＿

11.「非洲人吃木炭」猜三個字俗語？＿＿＿＿＿＿＿＿＿＿＿＿＿＿

12.「爬山驅暑氣」猜一疾病名？＿＿＿＿＿＿＿＿＿＿＿＿＿＿＿＿

13.「新機場啟用」猜四個字成語？＿＿＿＿＿＿＿＿＿＿＿＿＿＿＿

14.「輕聲細語」猜一運動項目？＿＿＿＿＿＿＿＿＿＿＿＿＿＿＿＿

15.「乾燥劑」猜一字？＿＿＿＿＿＿＿＿＿＿＿＿＿＿＿＿＿＿＿＿

16.「七十二小時」猜一個字？＿＿＿＿＿＿＿＿＿＿＿＿＿＿＿＿＿

17.「衣錦還鄉」猜中國古代人名？＿＿＿＿＿＿＿＿＿＿＿＿＿＿＿

18.「山在虛無飄緲間」猜一台灣地名？＿＿＿＿＿＿＿＿＿＿＿＿＿

19.「吹北風」猜一中國地名？＿＿＿＿＿＿＿＿＿＿＿＿＿＿＿＿＿

20.「近期可望生女」猜一外國地名？＿＿＿＿＿＿＿＿＿＿＿＿＿＿

創意 發想
CREATIVE MOTIVATION

3-4　垂直思考與水平思考的理想關係

想事情不能只靠邏輯推論，正如畫風景畫不能全靠幾何學，是一樣的道理。

　　　　　　　　—雨果（Victor Hugo，1802-1885 年，法國作家）

酒神最終說著日神的語言，而日神也說起酒神的語言。

　　　　　　　　—尼采（F. W. Nietzsche，1844-1900，德國哲學家）

古希臘神話中，太陽神阿波羅(Apollo)和酒神戴奧尼索斯(Dionysus)，經常發生矛盾與衝突。

阿波羅主司理性冷靜，是左腦型態的垂直思考。

戴奧尼索斯主司熱情放任，是右腦型態的水平思考。

這是否意味者，垂直思考與水平思考這兩者，早已注定涇渭分明、水火不容？

其實不然！

大腦生理學清楚告訴我們，左、右兩腦是二而一的整體，透過一條稱為「胼胝體」（corpus callosum）的寬帶[3]緊密相連、相互協調。

這也就是說，雖然我們在理論上分說垂直思考與水平思考，但實際生活中，兩者卻絕非各行其是，反而常是相互為用，只會因待決問題的性質不同，而在份量上有輕有重而已。

----

3. 由 2-2.5 兆條軸突纖維束組成。

愛因斯坦發明「相對論」（Relativity）的過程，就是一個鮮活案例。

據說，他在某個酷熱天午後，躺在小山坡上休息，正當半閉著雙眼面向藍天時，太陽透過他的眼皮，綻放千百道光芒。他當下心想，不知搭乘這些太陽光旅行的滋味如何？

於是，憑著想像（水平思考），他乘著太陽光束做了一趟宇宙時光之旅。這種想像雖然違反物理知識，但他相信「想像力比知識來得重要」。因此，他不放棄這個念頭，並常常利用時間試算新的數學公式（垂直思考），以便解釋這個「想像中的事實」。幾年後，終於提出震鑠古今的「相對論」。

回顧此事，愛因斯坦曾說「我思考問題時，不是用語言，而是用活動的跳躍形象進行。當它完成後，我要花很大的力氣把它們轉換成語言。」

「活動的跳躍形象」是水平思考的作用，「轉換成語言」是垂直思考的工作。在愛因斯坦的心智活動中，兩者緊密相關，相輔相成。

而這也正是兩者應有的理想關係。

總而言之，垂直思考與水平思考就有如鳥之雙翼，唯有相輔相成，才有可能「水擊三千里，搏扶搖而上者九萬里」（莊子〈逍遙遊〉）。

遺憾的是，我們從小所接受的教養方式與教育體制，總是過度強調垂直思考，讓學習者誤認它是唯一可取的思維模式，從而壓抑水平思考的正常發展，讓右腦變成「沉睡之腦」，導致心智功能無法「火力全開」，實應積極改進！

問題與討論 ④

請試著「凡事往好處想」，如：

情境 1：準備點餐時發現口袋裡的 100 塊錢不見了。請往好處想……

　　　「還好不見的不是 1,000 元。」

　　　「還好不是在吃完飯要付錢時才發現。」

　　　「撿到的人一定很高興。」

　　　「終於有機會可以禁食禱告。」

情境 2：努力工作，卻被公司裁員。請往好處想……

　　　「還好身體還很健康。」

　　　「還好平時有積蓄的習慣。」

　　　「終於有機會可以好好休息了。」

　　　「感謝老天給我轉換跑道的機會。」

情境 3：被突如其來的雷陣雨淋成落湯雞。請往好處想……

情境 4：食物中毒。請往好處想……

情境 5：男（女）朋友移情別戀。請往好處想……

　　　請任擇（或自訂）一情境，往好處想。

答：_____

_____

_____

_____

_____

會心一笑

說話的藝術

友韋和袁澤正在討論說話的藝術。

友韋：「根據我的研究，聰明人說話總是慢條斯理又帶著疑問的精神；笨蛋說話又快又肯定，完全沒經過大腦思考。」

袁澤：「你確定嗎？」

友韋斬釘截鐵的說：「當然！我百分之一百確定！」

長智慧：

(1) 辯護自己的原則比遵循自己的原則還容易。

　　　　　　　　　　－阿德勒（Alfred Adler，1870-1937，德國心理分析家）

(2) 愈是放諸四海而皆準的理論，愈是不適用在提出該理論者身上。

(3) 我的智慧：_____

創意人

印象音樂之父德布西[4]

如果你要作曲，細看落日比聆聽貝多芬來得有幫助。

——德布西（Claude Achille Debussy，1862-1918）

德布西，是印象音樂的創始者，法國有史以來最偉大的作曲家。

印象派（Impressionism）畫作的特色，如莫內（Claude Monet，1840-1926）的《日出印象》（描繪太陽剛升起時的海港早晨，1872），不在於描繪具體精細的外形，而在強調光影微妙變化所帶來的主觀感受。

德布西受此畫風影響，音樂風格不求旋律優美或架構完整，而是追求一種聲音與色彩瞬間變化所產生的音響效果，藉以呈現出朦朧的夢幻印象。

德布西出生於法國巴黎近郊小城聖杰爾曼（Saint-Germès），從小就顯露非凡的音樂天份。但，父親從未想過要他成為音樂家，只希望他長大後能當水手，甚至曾考慮送他到航海學校就讀。

由於弗羅維爾女士（蕭邦學生）的啟蒙，11歲時，進入巴黎音樂學院就讀。

在學校裡，德布西學習作曲及鋼琴，多次贏得鋼琴比賽獎項。但，在樂理方面，卻一直令老師頭痛。因為，他蔑視學院派作曲家（布拉姆斯、柴可夫斯基、貝多芬等人，簡直令他難以忍受），喜歡嘗試各種不同曲調與技法，作業中因而經常出現違反規則的非正統和聲，而且屢勸不聽。這使他獲得「傳統破壞者」的稱號，並被視為不堪造就。同學們也認為他是一位古怪、倔強而又難以相處的人。然而，他依然才氣縱橫、睥睨群倫。

---

4. 參見：

http://www3.ouk.edu.tw/wester/composer/composer031.htm（音樂的家／德布西）

http://www.arstrio.tw/musicians/Claude-Debussy.php（古典音樂的家／德布西）

　　22 歲時（1884），以清唱劇《浪子》，獲得羅馬大獎（Prix de Rome）首獎。次年起程，到義大利留學。（按照比賽規則，獲首獎者可以到義大利留學三年）

　　由於無法適應集中式管理，德布西只在羅馬待了兩年多，在學業未成的狀況下就離開了。

　　回到巴黎後，德布西結識詩人馬拉梅（Stphane Mallarm，1842-1898），並因而加入著名的《星期二夜晚》聚會。在那兒遇見許多位具領導地位的象徵主義文學家及印象派畫家，深受影響與啟發。

　　隨後，陸續完成眾多代表性作品。如，《弦樂四重奏》（1893）、《牧神的午後前奏曲》（1894）、《夜曲》（1899）、《版畫》（1903）、《海》（1904）、《映象 1》（1905）、《兒童世界》（1908）、《前奏曲 1》（1910）、《遊戲》（1912）……等。

　　德布西在這些作品中，充份運用鋼琴特性，如踏板的使用，高、低音域間的對比，以及泛音的混合效果……等。這些「新」嘗試，讓世人對鋼琴音響有了全新體認，其貢獻足以和蕭邦相媲美。

　　值得一提的是，一般曲目標題都放在樂譜最前面，德布西卻特別把它縮小，寫在樂曲終了的地方。他就是希望聽眾能夠跳出框框，不被曲名所侷限。如此，才能擁有更多想像空間，也才能更加用心體會他內心深層的感受、與他所想抒發的情境。

心有所感：＿＿＿＿＿＿＿＿＿＿＿＿＿＿＿＿＿＿＿＿＿＿＿

＿＿＿＿＿＿＿＿＿＿＿＿＿＿＿＿＿＿＿＿＿＿＿＿＿＿＿＿＿

＿＿＿＿＿＿＿＿＿＿＿＿＿＿＿＿＿＿＿＿＿＿＿＿＿＿＿＿＿

＿＿＿＿＿＿＿＿＿＿＿＿＿＿＿＿＿＿＿＿＿＿＿＿＿＿＿＿＿

＿＿＿＿＿＿＿＿＿＿＿＿＿＿＿＿＿＿＿＿＿＿＿＿＿＿＿＿＿

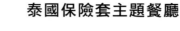

創意物

泰國保險套主題餐廳

十幾年前，泰國愛滋病盛行，呈爆炸性蔓延。當時的國家公共衛生部長米猜（Mechai Viravaidya）爵士力薦政府推動「百分百保險套計劃」，呼籲全民共同對抗愛滋，並於 1987 年在曼谷開設保險套主題餐廳——「包心菜與保險套」（Cabbage & Condom Restaurant）[5]，因而獲得「保險套先生」封號。

該餐廳以典雅、怡情的方式，將保險套融納其中，不論在硬體的裝潢、陳設及菜單、菜名的設計上，都與保險套脫離不了關係。如，餐桌上鮮花由保險套製成，牆壁上則是各式各樣從世界各地收集來的保險套、保險套海報，菜單上除加註安全性行為的文宣外，所有的菜名都和性以及保險套有關，如餐前小點叫「前戲」。

餐廳進門處，是個由細竹編成的斗大保險套狀大燈。進門左側則是紀念品商店，販賣以保險套為主軸所設計的週邊產品，如花朵、鑰匙圈、鐘錶、領帶、馬克杯、T 恤……等。

餐廳供應道地泰國菜，飲食男女除可在保險套「環伺」的氣氛中用餐外，用完餐後還會獲贈保險套當「附餐」。

如今，該餐廳已是國際知名觀光景點，而且也已經開了 10 幾家連鎖店，連日本都有了分店；近來，更在芭達雅海邊開了渡假村。[6]

---

5. 包心菜（cabbage）是泰國的國民蔬菜，便宜又隨處可見，深受民眾喜愛。米猜爵士希望在泰國，保險套就像包心菜一樣隨處可得，便宜而又被大量使用，故以此命名。

我的聯想：_____

_____

_____

_____

_____

_____

6. 參見 http://www.ettoday.com/2001/08/21/1141-438455.htm（拜訪泰國／
   曼谷保險套餐廳，滿足「飲食」男女）
   在衛生福利部疾病管制署輔導下，臺灣的餐飲業者也仿照泰國，於
   2001 年 12 月 5 日在臺中市西屯區開設了全國第一家保險套主題餐廳
   ——「香蕉保險套餐廳」（BANANA RESTAURANT）。除軟硬體設備
   皆與保險套相關外，還有兩道限制級菜色，規定十八歲以上消費者才
   能點用：「一柱擎天」及「別有洞天」，兩者皆以造型取勝。前往消費
   的民眾都可獲贈保險套，集點還送各類特色商品。可惜的是，該餐廳
   已於 2004 年 1 月停業。
   參見 http://tw.knowledge.yahoo.com/question/?qid=1005010502064
       http://www.ettoday.com/2004/01/24/952-1573053.htm

家庭作業　（作擇一題，答之於後）

1. 請任擇一位本單元曾提及的名人（如馬克吐溫、彼得杜拉克、尼采），或專有名詞（如三段論證、胼胝體、相對論），尋找相關資料及趣聞軼事，然後有創意的表達。

2. 閱讀:〈條件說之二〉(熊秉元,《大家都站著》,臺北:天下,1997/12。頁 12-14)。然後摘錄三則佳句,加以眉批。並請針對「週休二日」、「通識教育」、「教授治校」、「兩岸直航」等議題擇一發表意見。

3. 英國作家威廉·布列地斯曾寫過一本名為《書之敵人》（Enemy of books）的暢銷書,列舉書的敵人,包括蠹魚、黑甲蟲、油蟲、銀色小蟲、家鼠和野鼠、火、水、塵埃、僕役、小孩、釘書工人,甚至藏書家……等。請兼顧「流暢性」與「變通性」,再列舉書的其他敵人,多多益善。(至少 30 個)

4. 請建議跟本單元主題相關的文章、網頁或視聽資訊,並說明出處及相關處。

我所選擇的作業及解答:＿＿＿＿＿＿＿＿＿＿＿＿＿＿＿＿＿＿

＿＿＿＿＿＿＿＿＿＿＿＿＿＿＿＿＿＿＿＿＿＿＿＿＿＿＿＿＿＿

＿＿＿＿＿＿＿＿＿＿＿＿＿＿＿＿＿＿＿＿＿＿＿＿＿＿＿＿＿＿

＿＿＿＿＿＿＿＿＿＿＿＿＿＿＿＿＿＿＿＿＿＿＿＿＿＿＿＿＿＿

＿＿＿＿＿＿＿＿＿＿＿＿＿＿＿＿＿＿＿＿＿＿＿＿＿＿＿＿＿＿

＿＿＿＿＿＿＿＿＿＿＿＿＿＿＿＿＿＿＿＿＿＿＿＿＿＿＿＿＿＿

延伸閱讀及推薦網頁、影片

1. 袁長瑞，《邏輯教室－袁大頭的推理遊戲時間》（臺北：天下文化，2003/8）。本書專攻垂直思考謎題，分入門題、進階題及挑戰題等三大部分，計收錄 114 則有趣的推理謎題。

2. 袁長瑞，《靈光乍現－袁大頭的創意推理時間》（臺北：天下文化，2005/4）。本書專攻水平思考謎題，分圖形、數字及推理等三大部分，計收錄 64 則有趣的益智謎題。

3. 曼陀羅思考法—水平思考與垂直思考法的混合體。2008 年 6 月 17 日，取自 http://keung.seezone.net/?p=120。

4. 早川著，鄧海珠譯，〈二元價值觀點〉（《語言與人生（Language in Thought and Action）》[7]，臺北：遠流，1975/1）。探討日常生活語言中，「二元價值觀點」的普遍性與危害性，可藉以了解垂直思考的弊病。

5. 「http://www.fgu.edu.tw/~psychology/know/data/exp/09.htm」（史楚普叫色實驗）。由美國心理學家史楚普（John Ridley Stroop，1897-1973）於 1935 年所提出的實驗。要求受測者先逐一唸出測試者所提供的長方型色塊顏色，然後再唸出有色文字的「顏色」（而非「字義」）。絕大部分受測者，在第二階段時速度都會慢下來，而且準確度也降低。這是由於我們的左腦（垂直思考）對於那些文字字義太過熟悉，會自動覺知它們，以至於雖然很努力把注意力擺在顏色，還是會大受干擾。史稱「史楚普效應」(stroop effect)[8]。可當作「3-4 垂直思考與水平思考的理想關係」的補充活動。

6. 影片《十誡之第一誡—生命無常》（Decalogue One）。本片於 1988 年發行，片長約 60 分鐘。描述擔任大學教授的父親（Henryk Baranowski 飾），崇尚理性思考，尤其對電腦計算能力深信不疑。某年冬天，他透過電腦精密估算出湖面結冰已經厚到足以承載三個小孩重量，甚至半夜獨自一人前去測試也沒發現問題，於是允許愛子波威

---

7. 本書為語意學著作中的「神品」，內容豐富、文筆優美，非常值得一讀。

8. 詳細說明，請見「http://en.wikipedia.org/wiki/Stroop_effect」（stroop effect）。

（Pawel）到那兒溜冰。想不到冰面卻因湖邊一名流浪漢烤火而意外破裂，波威與玩伴因而命喪冰冷湖中。悲慟的父親雖然轉向從不信仰的上帝祈禱求援也無濟於事，導致他的理性觀面臨崩潰。可當作「垂直思考與水平思考理想關係」的補充教材[9]。

---

9. 相關資訊及評論可參見「http://life.fhl.net/Movies/heart/heart3.htm」（陳韻琳：〈生命無常—奇士勞斯基十誡之第一誡〉）
「http://blog.yam.com/hero_h/article/5041283」（黃英雄的部落格—十誡之第一誡：生命無常）

memo

Creative Motivation

04
CHAPTER

魔島理論與
靈光乍現

CREATIVE MOTIVATION

學習目標

一、了解魔島理論的意義

二、了解靈光乍現的特色

三、了解激發靈光乍現的方法

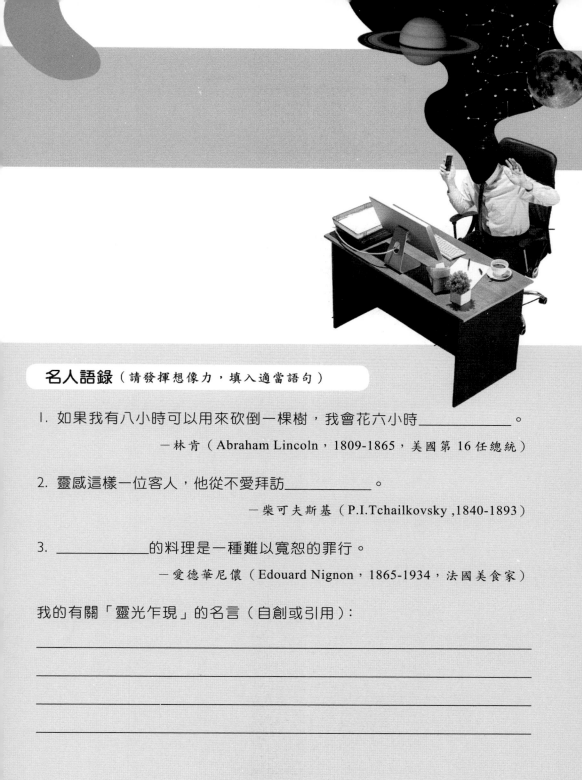

名人語錄（請發揮想像力，填入適當語句）

1. 如果我有八小時可以用來砍倒一棵樹，我會花六小時_____。

　　　　　　－林肯（Abraham Lincoln，1809-1865，美國第 16 任總統）

2. 靈感這樣一位客人，他從不愛拜訪_____。

　　　　　　－柴可夫斯基（P.I.Tchailkovsky ,1840-1893）

3. _____的料理是一種難以寬恕的罪行。

　　　　　　－愛德華尼儂（Edouard Nignon，1865-1934，法國美食家）

我的有關「靈光乍現」的名言（自創或引用）：

_____

_____

_____

_____

有 13 枚 1 元硬幣散置一堆,兩人輪流依序從中拿取。

每人每次最少拿 1 枚、最多 2 枚,誰最後一把拿完就算贏。

請問,有沒有必贏的拿法?

請和隔壁同學湊足錢幣(或使用其他替代品),練習對拿,贏者再向老師挑戰。

暖身活動

　　請以教室所在樓層（或老師所指定的區域。如，操場、餐廳、禮堂……）為範圍，尋找特定的顏色、形狀或物品，並把它們記錄下來。（至少 20個）然後從中挑選 1-3 個最出乎你意料的東西。

英文系→紅色物品　　　　　國際企業系→圓形物品

法文系→黃色物品　　　　　資訊管理傳播系→菱形物品

德文系→藍色物品　　　　　傳播藝術系→鐵製品

西文系→綠色物品　　　　　翻譯系→塑膠製品

日文系→黑色物品　　　　　其他→紙製品

外語教學系→白色物品

應用華語文系→正方形物品

國際事務系→長方形物品

我找到的東西：＿＿＿＿＿＿＿＿＿＿＿＿＿＿＿＿＿＿＿＿＿＿＿＿＿

＿＿＿＿＿＿＿＿＿＿＿＿＿＿＿＿＿＿＿＿＿＿＿＿＿＿＿＿＿＿＿＿＿

＿＿＿＿＿＿＿＿＿＿＿＿＿＿＿＿＿＿＿＿＿＿＿＿＿＿＿＿＿＿＿＿＿

＿＿＿＿＿＿＿＿＿＿＿＿＿＿＿＿＿＿＿＿＿＿＿＿＿＿＿＿＿＿＿＿＿

一共＿＿＿＿＿＿＿個。

最出乎意料的是：＿＿＿＿＿＿＿＿＿＿＿＿＿＿＿＿＿＿＿＿＿＿＿＿

4-1 前 言

　　人生在世，最美好的經驗就是靈光乍現的狀態了。

　　—愛因斯坦（Albert Einstein，1879-1955，猶太裔美籍科學家）

　　據説，阿基米德（Archimedes，ca.287-212 B.C.）擔任亥厄洛（Hiero）國王顧問時，碰到一個棘手問題——亥厄洛王懷疑工匠在受託所製的王冠中摻雜白銀，藉以盜取等重黃金，因而責成他查證此事，前提是，不得損壞王冠。

　　阿基米德已經得知黃金的密度（即每單位體積的質量），也計算出王冠的質量，就只剩王冠的體積未知。

　　但，這正是癥結所在——王冠形狀繁複多變，根本無從算起！

　　阿基米德絞盡腦汁，搞得身心俱疲。

　　鬱悶之際，他漫步到了公共澡堂。

　　他脱光衣服，躺入浴缸，造成裡面的水向外溢出，直到整個人坐定為止。見此狀況，他不經意的嘆道：「真可惜啊，我的身體竟然把同體積的水擠到外面去了！」

　　突然間，有個絕妙想法在他的腦海浮現：

　　一個人身體的體積，等於溢出來的水的體積。只要把王冠放入裝滿水的容器中，所溢出來的水就等於它的體積。

　　他欣喜若狂，顧不得穿衣服，直接裸奔到戶外，大喊——

　　　　Eureka！

　　　　Eureka！

　　　　（「我找到了！」）

這是史上最經典的「靈光乍現」（Insightful），它促成了「浮力原理 [1]」這個「魔島」浮現。

 問題與討論 1

鍾正祿欠高利貸業者一筆鉅款，即將被迫用女兒鍾珊棠抵債。

放高利貸的賈興星故作仁慈，建議這事聽從老天爺安排——他會先把一粒黑石子和白石子放進不透明紙袋，然後請鍾珊棠伸手進去隨機摸出一粒石子。

如果摸出的是白石子，不僅不必下嫁，連債務也一筆勾消。

但如果摸出的是黑石子，鍾珊棠就必須嫁給他來抵債。

說完，賈興星便彎下腰，撿起兩粒小石子放進紙袋裡，眼尖的鍾珊棠卻發現那兩粒小石子都是黑色的。

請問，她該怎麼做才能反敗為勝呢？

答：_____

_____

_____

_____

1. 又稱「阿基米德定理」，就是物體浸入液體中所失去的重量，等於它所排開的液體重量。阿基米德當時的鑑別方法是在一個水槽中放入王冠，在另一個水槽中放等重黃金，結果因第一個水槽排出的水比第二個多，因此判定王冠並非純金。

4-2　魔島理論

據説，在某個一望無際的海域，船隻來來往往，都沒發現任何異樣。

可是，有一天，卻突然冒出許多環狀島嶼。

水手們個個驚嚇不已，以為發生了靈異事件，便把這些島嶼稱為「魔島」。

後來經過研究發現，這些「突然」冒出的「魔島」，並非「神來之筆」。而是海平面底下無數珊瑚，經年累月堆積、成長，最後「按耐不住」，才浮出海面。

創意的產生就像這些「魔島」，會在靈光乍現之際浮現，看似神祕，卻是長期醞釀的成果[2]。

除了上述阿基米德的「浮力原理」外，達爾文（Charles Darwin，1809-1882，英國生物學家）的「物競天擇」，也相當具有代表性。他曾在自傳中描述這段「魔島浮現」的過程：

1838 年 10 月，在我開始有系統地研究演化問題 15 個月之後，純然只是為了消遣，我剛好讀到馬爾薩斯的《人口論》[3]。（因緣際會。筆者案，下同）因為我已經長期觀察動植物的習性，很可以了解處處都存在著為了生存的鬥爭。（長期醞釀）我馬上想到（靈光乍現）在這種情況下，有利於生存的變化就比較容易保存下來，不利的變化就毀滅了。結果就是新物種的形成。（魔島浮現）我終於起碼有了一個理論當作起點。

---

2. 此一理論由美國廣告大師韋伯·揚（James Webb Young, 1886-1973）所提出。
3. 馬爾薩斯（T. R. Malthus，1766-1834），英國經濟學家。於 1798 年發表《人口論》（Essays on Population）。

問題與討論 ❷

　　Jack, It really is amazing!（傑克，這真的是太神奇了！）竟然有人（麥唐諾，Kyle MacDonald）可以用一根紅色迴紋針（one red paperclip），在網路上經過一年14次的以物換物，最後換到了一棟房子！不僅願望成真，更因此成功地行銷了自己。這到底是如何辦到的呢？有沒有可能提出更妙的點子呢？如果沒有，就東施效顰一番，寫出你想以物易物的內容及目標。

答：_____

_____

_____

_____

_____

_____

4-3 靈光乍現

天才是百分之九十九的汗水,加上百分之一的靈感[4]。而這一分靈感,恰恰是最重要的。

—愛迪生(Thomas Alva Edison,1847-1931)

古希臘哲學家柏拉圖(Plato,427-347 B.C.)認為,「知識的來源與內容」有「感官知」、「理解知」和「天啟」(divine madness)三種。

前兩種為一般人所熟悉與慣用,是人類認知事物的主要途徑。

後一種則是指,在非人力控制情況下,突然獲得的「靈感」(Inspiration)。

西元前 333 年冬天,亞歷山大(Alexander the Great,356-323 B.C.)率領軍隊進入亞洲 Gordium 城,紮營避寒。

在那裡,他聽到一個著名預言——誰要是能打開城裡那個複雜的 Gordian 結,誰就會成為亞細亞王。

亞歷山大對這個預言非常感興趣,就迫不及待去看那個難解之結,並試著打開它。但無論如何嘗試,就是無法找到結的兩端。

就這樣茫無頭緒過了幾個月。

某天,他突然「宛如天啟」般的想到了一個好辦法,那就是——拔劍一揮,把繩結劈為兩半。

因為,他要——「自定解開此結的規則」!

---

4. 另有一譯為「天才是百分之一的神來,而百分之九十九的汗下。」

靈光乍現，確實宛如天啟。

她可遇不可求，而且「就像樹上一隻新飛來的小鳥，稍不注意，就飛走了。」[5]

據說，某人曾在某天突然想到一個足以改變世界的偉大念頭，他興奮的衝進教堂感謝上帝。但當他跪下的時候，卻無論如何再也想不起來那個偉大念頭是什麼。

國學大師王國維（1877-1927，清末民初學者）被孩子吵怕了，央求太太把他們帶回娘家，好讓他安心寫作。但，當干擾全無時，他的文思卻「毫不靈光」，一個字也寫不出來。

靈光乍現，她不是主人，不會主動邀約、殷勤款待。

她也非奴隸，無法呼之則來，揮之即去。

她是率性的過客，來時不打預告、去時不揮衣袖。

她是久旱甘霖，不僅來紓困境，而且總帶狂喜。

她是畫龍之睛，功德待她而圓滿。

她是臨門一腳，少了她，徒留遺憾。

據說，有科學家曾分別偵測，當人們「依照慣例」做事和「靈光乍現」時的大腦活動。

結果發現，當「靈光乍現」時，右腦某特定區域（暫稱「靈感製造區」）的活動頻率會明顯增強，而且在前 0.3 秒左右，那裡還會突然產生高頻腦電波。

---

5. 語出愛默生（R. W. Emerson，1803-1882，美國作家）：「守好你的想法，她們意外的來，就像樹上一隻新飛來的小鳥，稍不注意，就飛走了。」靈光乍現的瞬間，務必立即捕捉。

而「依照慣例」解決問題時，根本沒有這種現象。

科學家認為「靈感製造區」會促使大腦把看起來不相關的訊息集合起來，並從中找到過去不曾發現的新關係，藉以產生全新想法，進而讓人有靈光乍現的快感。

 問題與討論

某棟大樓裡，有甲、乙兩間房子，分屬不同樓層，看不到彼此。

已知，甲屋裡有 3 個開關，乙屋裡有 3 個燈泡。甲屋裡的每一個開關，各控制著乙屋裡的某個燈泡。

請問，單憑自己一個人，如何只在甲、乙兩屋中各只停留一次，就可藉以判斷出哪個開關控制哪個燈泡？

答：_____

_____

_____

_____

4-4　激發靈光乍現的四大撇步

你必須親過成千上萬隻青蛙才能找到王子。但是請記住：一個王子的價值勝過成千上萬隻青蛙。

　　　　—雅特富萊（Arthur Fry，1931- ，利貼（Post-It）發明人）[6]

天下沒有白吃的午餐。

凡事不可能「得來全不費工夫」，除非先「踏破鐵鞋無覓處」；不可能「柳暗花明又一村」，除非先「山窮水盡疑無路」；不可能「得撲鼻梅花香」，除非先「經一番寒徹骨」。

「靈光乍現」已經是可遇不可求了，如果還束手無策、無所作為，那簡直永無相會之日。因此，唯有先「善盡人事」，才有可能「得聽天命」。

謹提供以下四大撇步：

4-4-1　不停思考

我將一個問題放在心中，不斷地想，持續幾個小時、幾天或幾星期，直到問題溶解，秘密揭開。

　　　　—牛頓（Issac Newton，1642-1727，英國物理學家）

如前，阿基米德針對皇冠問題，苦思不得其解，雖然承受極大精神壓力，卻已累積足夠得以「動心轉念」的能量。於是，到澡堂泡澡雖是偶然，得見浮力原理卻非僥倖。

---

6. 雅特富萊發明利貼的過程，請參見「Chapter 5 模仿改良」。

唯有不停思考，才能做好充分準備。

據說，牛頓（Issac Newton，1642-1727，英國物理學家）因蘋果掉到頭上而提出萬有引力，事後有人問他為什麼這麼天才，可以產生如此聯想？

他輕描淡寫的說：「因為我一直都在思考這個問題！」

發明大王愛迪生（Thomas Alva Edison，1847-1931，美國發明家）嚴格要求自己執行「創意配額」──每 10 天一定要有小發明，每 6 個月一定要有大發明。終於造就擁有 1,093 項專利的輝煌成就。

史密斯（Frederick W. Smith，1944- ），在大學時代的某篇期末報告中，曾提出經營「隔天送貨服務(overnight delivery business)」的構想，卻被老師評為「不可行」。史密斯不但沒有因此放棄這個念頭，反而「一直思考」它的可行性，終於在 1971 年，「創造了一個新行業」──聯邦快遞公司（Fredral Express，FedEx）。如今，聯邦快遞業務遍及全球 211 個國家，擁有超過 660 架貨機及 9.5 萬輛貨車，並且有超過 21.5 萬名員工和獨立承包商，每天平均處理 500 萬件貨物。

不妨常常以如下句型自問，好讓自己得以「不停的思考」：

「為什麼會是這樣，而不是那樣？」

如，「為什麼房子總是方方正正，而不是歪七扭八？」

「如果多了……，則會……？」

如，「如果沙漠裡多了海水，則會怎樣？」

「如果少了……，則會……？」

如，「如果汽車少了輪子，則會怎樣？」

問題與討論 **4**

　　請效法愛迪生的「創意配額」，強迫自己至少提出 **3** 項創意構想。

如：

　　會唱催眠曲的床

　　自動偵測髒污吸塵器

　　聲控黑板（可以只憑聲音就自動清除黑板）

　　會冒煙的高爾夫球（可以讓打者輕易知道落球點）

　　會噴水的鬧鐘（可以把貪睡者噴醒）

　　可以把蛔蟲從體內釣出來的牙線（既清潔口腔，又保腸健胃）

　　可以把酒渦印在臉上的手機（方便隨時裝可愛）

答：_____

　　_____

　　_____

　　_____

4-4-2　敏於觀察

To see a world in a grain of sand，
And a heaven in a wild flower，
Hold infinity in the palm of your hand，
And eternity in an hour.[7]

—布萊克（William Blake，1757-1827，英國詩人）

巧婦難為無米之炊，敏於觀察的目的就是在「籌湊料理食材」，以備巧婦在心血來潮時可以淋漓痛快地「大展廚藝」。

敏於觀察，重點在從新角度觀看事物，見人所未見。「最重要的，不是去提出驚世之論，而是在人人都知道的現象裡，發現大家都沒還看到的東西。」[8]

敏於觀察的人，不僅可以在高級服飾店裡了解時下流行，也能在大賣場內看出歷史脈絡。

法國作家莫泊桑（Guy de Maupassant，1850-1893）未成名前，曾向前輩請教寫作要訣。前輩請他直接到巴黎街頭，任意鎖定一位計程車司機，仔細觀察他的一舉一動，直到能夠看出他與眾不同的獨特性為止。

影片《春風化雨》（Dead Poets Society）[9]中，有段情節描述教師Mr. Keating（Robin Willians 飾）要求學生逐一站上講桌，啟發他們隨時隨地都要能站在不同高度、用不同眼光觀看世界。

Nike 球鞋設計師，常跳離運動範疇，從文、史、哲、大自然，甚至機械設備、古文物、路上來往行人……等「不相干」領域，尋找巧思。

---

7. 從一粒砂看見世界，從一朵花看見天堂，將無限握在手中，剎那即是永恆。
8. 薛丁格（Erwin Shrodinger，1887-1961，澳洲物理學家）
9. 請參見「chapter 1 動動腦與顛覆習慣」之「延伸閱讀及推薦網頁、影片」。

　　被譽為「台灣新一代傳媒教父」的詹宏志（1956- ），高中時代，經常待在火車站裡觀察過往行人，針對衣著、神態猜想他們的身份和職業。

　　敏於觀察沒有捷徑，唯有強迫自己不斷的練習、練習，再練習。

　　請試著在上下學途中（或逛街、看電影、唱 KTV……時），鎖定某些人（如某廠牌機車騎士）、事（如車禍現場）、物（如隸書體招牌）加以觀察。久而久之，觀察力自然大為精進，腦海中也自然累積豐富多元的材料，供你「靈光乍現」。

　　也可以試著改變習以為常的配色模式，進行多樣化發想，如牆壁通常漆成白色，不妨依照不同需求，改漆為「藍色風情的思考空間」或「粉紅奔放的交流園地」……等。

　　勤於閱讀，也是增益觀察力的途徑。尤應多多涉獵「另類觀點」寫成的書籍，如傳奇、志怪、神仙列傳……等。而那些曾經被威權體制查禁過的書，更是非常值得一讀。

問題與討論 5

　　請和鄰座同學對看 30 秒，仔細觀察（務必注意眼神的禮貌）對方特徵，然後加以描寫。

答：_____

_____

_____

_____

_____

4-4-3　勇於嘗試

當一個人大膽向前出發時，可以試試看自己力量能到達多遠，因此常能夠征服未知事物。反過來說，過度謙遜使人不敢上戰場，永遠處於羞怯的被動處境中，永遠不可能見到勝利。

－拉蒙卡哈（S. Ramon Cajal，1852-1934，西班牙科學家）

比爾蓋茲(Bill Gates，1955-，微軟創辦人)和史帝夫賈柏(Steve Jobs，1955-，蘋果電腦創辦人)在建立自己的王國時，不過 20 出頭、歷練有限，也沒有充分的具體證據保證他們當時的作為會成功，但他們都「勇於嘗試」。

光說（想）不練，就好像把一朵百合花丟下懸崖峭壁，然後等待回音一樣。

達文西為了了解人體的功能及奧祕，「勇於嘗試」解剖屍體。在米蘭的洞窟裡，他剖開了 30 具屍體的頭顱、心臟等各部器官，仔細觀察大腦、血管等的構造及交會狀況。他甚至為了想知道男女交媾時的生理變化，特意解剖男性陽具和婦女子宮。藉由這樣「血肉模糊」的工作，他滿足了好奇心，更創作出為數眾多的經典作品。

愛迪生（Thomas Alva Edison，1847-1931）「勇於嘗試」尋找製作燈絲的材料，連花生醬都沒放過。雖然屢屢不成，幾達千次之多，但卻信心滿滿地說：「我沒有失敗快 1 千次，而是成功發現有將近 1 千種材料，不適合用來製作燈泡。」終於在 1879 年 10 月 21 日找到了炭精絲，讓燈泡發出光亮，而且持續了 45 小時。

　　臺南市新化區，有個「搞怪廚師」，「勇於嘗試」各種料理方式，任何食材都能入味，而且是中西合璧。他用土司，做成宛如高級料理的法式吐司奶油球；用深海魚鱗，做成入口酥脆的海苔魚鱗手卷；仙草用炸的（把仙草切成條狀，沾粉再下鍋油炸，然後擠上美乃滋）、粉圓用炒的，也可以把水果做成壽司……。[10]

　　影片《男人百分百》（What Woman Want）裡，任職廣告公司的男主角尼克（Mel Gibson 飾）為了體會女人的內心世界與真實感受，「勇於親身試用」口紅、面膜、脫毛臘、絲襪、胸罩……等女性用品。

　　孫子（535-？B.C.，春秋時代軍事家）說：「味不過五，五味之變，不可勝嘗也。」

　　唯有「勇於嘗試」，才有發現千變萬化口味的可能。

---

10. 參見東森新聞台/台灣尚美/這個廚師很搞怪（2005/9/2）。相關網址則請見
　　　http://ettvs.ettoday.com/ettvs/article/18-13135.htm

問題與討論 6

　　吃 xx 的 N 種方法：請任選以下一種食材（或自行設定），開發不同的料理方法。（至少 5 種，多多益善）

　　豬腳、番茄、木瓜、雞蛋、披薩、饅頭、泡麵、牛排……。

　　提示：飲食文化中，最基本的味覺與口感有，甜、鹹、酸、辣、辛、苦、羶、腥、麻、臭、鮮、滑、脆、黏、軟、嫩、涼、燙……。料理方式則有煎、炒、煮、炸、爆、烤、滷、烹、蒸、熬、燉、涮、烘、……。

我所選的食材是：＿＿＿＿＿＿＿＿＿＿＿＿＿＿＿＿＿＿＿＿＿＿＿

我所開發的新料理法是：＿＿＿＿＿＿＿＿＿＿＿＿＿＿＿＿＿＿＿

＿＿＿＿＿＿＿＿＿＿＿＿＿＿＿＿＿＿＿＿＿＿＿＿＿＿＿＿＿＿＿

＿＿＿＿＿＿＿＿＿＿＿＿＿＿＿＿＿＿＿＿＿＿＿＿＿＿＿＿＿＿＿

＿＿＿＿＿＿＿＿＿＿＿＿＿＿＿＿＿＿＿＿＿＿＿＿＿＿＿＿＿＿＿

＿＿＿＿＿＿＿＿＿＿＿＿＿＿＿＿＿＿＿＿＿＿＿＿＿＿＿＿＿＿＿

4-4-4　注意偶發事件

就像在路上巧遇多年未見的朋友般，偶發事件出乎意料。看似無關緊要，卻常有「甚深微妙」處。

澡盆的水溢出來，是毫不起眼的偶發事件。

蘋果掉到頭上，也是毫不起眼的偶發事件。

阿基米德和牛頓卻都注意到了微妙處，因而得以激發靈光乍現。

「偶發事件」，可以是一件事、一個人、一個動作、一個問題，甚至，一句話。

1853 年，李維史特勞斯（Levi Strauss，1829-1902）從紐約前往舊金山，打算經營乾貨生意。並隨身帶了一批帆布，準備賣給淘金客（加州自 1849 年開始淘金熱）充當帳篷和篷車頂材料。想不到，當他向某位淘金客推銷時，對方卻大潑冷水：

> 我們現在最需要的不是帳篷那些玩意兒，而是耐穿的長褲，可以讓我們下到礦坑裡，不容易磨破的長褲。

這句「偶然」脫口而出的話，改變了李維的一生，也開創了牛仔褲紀元。如今，全世界牛仔褲總銷售量約為 4 億 250 萬件。美國人平均每年花 70 億美元購買牛仔褲。而每位大學生，平均每人有 5-6 條牛仔褲。

有一天，蘭德（Edwin Land，1909-1991）帶著女兒到大峽谷遊玩，小女孩童心未泯，看到什麼都興奮不已。當蘭德替她拍照留念時，她突然問了個問題：「為什麼不能現在就看到照片呢？」，真可謂一語驚醒「夢」中人，蘭德開始著手研究一種可立即沖洗的底片，因而創辦了拍立得（Polaroid）公司。

　　1895 年 11 月 8 日，倫琴（W. C. Rontgen，1845-1923，德國物理學家）為了研究帶負電的高速電子流，用黑板紙把一支「真空放電管」（英國克魯克斯教授研製，可以產生微弱陰極射線）包起來，然後離開實驗室。後來想起忘了關閉放電管電源，所以折返。沒想到，卻「意外發現」一束綠色熒光，更「看見自己的骨頭」。經過 10 多天不眠不休的研究，終於發現「X 光」。榮獲 1901 年諾貝爾物理學獎。

　　美國輝瑞製藥公司（Pfizer）研發治療心血管疾病的藥——西地那非（Sildenafil）。臨床實驗結果不如預期。但卻「偶然發現」一項副作用——受試者的性生活大有改善。於是研究人員轉向研究該藥對陰莖海綿體平滑肌的作用，並於 1998 年 3 月 27 日上市，取名「Viagra」（中國大陸註冊名「万艾可」（俗名「偉哥」），台灣和香港註冊名「威而鋼」）。

　　注意偶發事件的最佳策略，是把它和當下處境（尤其困境）相聯，任其醞釀、發酵。

　　百事可樂曾推出一支眾足球明星到日本比賽的廣告。入關時，有一日本小孩向偶像球星索取簽名，並隨手致贈一瓶可樂，同時鞠躬致謝。隨後進入賽事，該球星因對手犯規得到罰球機會，他突然回想起小孩鞠躬的那件「偶發事件」，於是靈光乍現，向橫阻在前的日本對手鞠躬，想不到對方習慣性的鞠躬回敬，他也就輕鬆的把球踢進。

　　某創意團隊想要發明一種新的開罐器，其中有人「不經意」的說，「最好的開罐法就是不用開」，於是，發明了易開罐。

創意發想
CREATIVE MOTIVATION

  問題與討論 7

　　請再列舉歷史上有名或個人曾發生過的「偶發事件」。多多益善，至少 3 項。

答：＿＿＿＿＿＿＿＿＿＿＿＿＿＿＿＿＿＿＿＿＿＿＿＿＿＿＿

＿＿＿＿＿＿＿＿＿＿＿＿＿＿＿＿＿＿＿＿＿＿＿＿＿＿＿

＿＿＿＿＿＿＿＿＿＿＿＿＿＿＿＿＿＿＿＿＿＿＿＿＿＿＿

＿＿＿＿＿＿＿＿＿＿＿＿＿＿＿＿＿＿＿＿＿＿＿＿＿＿＿

會心一笑

想離婚的商頁

　　商頁憂心忡忡的對朋友武參說：「我想離婚，我太太已經有 3 個多月沒有和我說半句話了！」

　　「你要考慮清楚啊，」武參語帶羨慕的勸他：「現在這種老婆已經很難找了！」

長智慧：

(1) 每個問題的手裡，都握有一份給你的禮物。

　　　　　　　　　　— 李察・巴哈（Richard Bach，1936-，美國作家）

(2) 一個人之所以會感到痛苦，常是因為他不曉得自己很幸福。

(3) 我的智慧：＿＿＿＿＿＿＿＿＿＿＿＿＿＿＿＿＿＿＿＿＿

創意人

卡通之父華特迪士尼[11]

興趣是一切事業的種子，如果我的血汗不是為了自己的興趣而流，怎麼會有好的收穫呢？

－華特迪士尼（Walt Disney，1901-1966）

華特迪士尼，1901 年 12 月 5 日出生於芝加哥。

小時候就很喜歡畫畫，但由於家裡貧窮，沒錢買顏料，只能在出大太陽時，拿被熱氣化軟的焦油塗塗抹抹，牆壁上因而到處都是他的「傑作」。由於焦油清洗不易，所以常惹來爸爸的追罵。

從軍中退伍後，華特迪士尼一心想成為漫畫家。但求職之路不順遂，被多家報社拒絕，理由是作品缺乏新意。

後來，透過三哥幫忙，進入一家廣告公司擔任插畫學徒。

21 歲時（1922），與友人合資創立「歡笑卡通公司」，並連夜趕工，完成卡通影片《小紅帽》。然而，由於買家（紐約某俱樂部）突然宣告破產，使得他險些血本無歸。

23 歲時（1924），如期完成六部《愛麗絲在卡通國》系列影片，並與發行商簽訂下一步合作契約，公司開始有了發展契機。

想不到，3 年後（1927），就在《幸運兔奧斯華》開始受到觀眾喜愛時，公司員工竟然受不了誘惑，與發行商另簽合約。

---

11. 參見朱雅麗、何雋編輯，《改變世界的 100 項發明與發現》（臺北：明天，2006/8），頁 80。
http://www.shs.edu.tw/works/essay/2006/03/2006032919551206.pdf（卡通之父華特迪士尼如何創造迪士尼動畫王國）
http://72.14.235.104/search?q=cache:CM92TZT9iCkJ:disney.wretch.cc/History/history.htm+%E8%8F%AF%E5%BE%B7%E8%BF%AA%E5%A3%AB%E5%B0%BC&hl=zh-TW&ct=clnk&cd=4&gl=tw（迪士尼大事記）

　　遭受背叛的他，懷著沉痛的心情離開。

　　某天，華特迪士尼搭火車長途旅行。正當他躺在臥舖休息時，一隻老鼠吱吱叫竄來竄去。他只覺有趣，拿了些麵包屑餵牠。久而久之，老鼠膽子變大了，便常出現眼前。他也畫了一張張表情不一的卡通鼠，回家後連平日都怕老鼠的太太都說可愛。於是，決定把牠塑造成新的卡通人物，取名為「米奇」。

　　主意既定，華特迪士尼便開始以「米奇」為主角，製作《飛機迷》及《飛奔的高卓人》。而第三部《汽船威利號》，也在電影工業技術的突破下，成為世界第一部有聲卡通片。

　　迪士尼還親自為米奇及其他動物配音。為求精確，他經常到動物園去觀察各種動物的發聲。

　　1928/10/18，《汽船威利號》正式在紐約一家戲院上映，獲得廣大迴響。而該日，也被視為「米老鼠」的誕生日。

　　「米老鼠」成功後，華特迪士尼仍然繼續創造新的卡通形象。

　　很快的，唐老鴨、白雪公主、三隻小豬、小木偶、小鹿斑比、小飛象……等知名卡通人物，都一一在銀幕上現身了。其中，

　　《花與樹》（1932/7 首映）是第一部彩色卡通片。

　　《白雪公主》（1937/12/21 首映）是第一部彩色長篇卡通片。爾後（1998），更被評選為世紀百大經典名片之一。

　　如今，「迪士尼」已經成為一個享譽全球的卡通王國。「迪士尼」這三個字，也代表著歡笑、希望，以及夢想實現。

心有所感：＿＿＿＿＿＿＿＿＿＿＿＿＿＿＿＿＿＿＿＿＿＿＿＿＿＿＿

＿＿＿＿＿＿＿＿＿＿＿＿＿＿＿＿＿＿＿＿＿＿＿＿＿＿＿＿＿＿＿＿＿

＿＿＿＿＿＿＿＿＿＿＿＿＿＿＿＿＿＿＿＿＿＿＿＿＿＿＿＿＿＿＿＿＿

＿＿＿＿＿＿＿＿＿＿＿＿＿＿＿＿＿＿＿＿＿＿＿＿＿＿＿＿＿＿＿＿＿

抽水馬桶[12]

創意物

　　英國著名的《焦點》雜誌，曾邀請該國 100 位專家學者和 1,000 名讀者，共同評選世界上最偉大的發明。結果，位居榜首的竟然是抽水馬桶。

　　抽水馬桶，已經被公認是衡量衛生水準的量尺。

　　長久以來，英國倫敦管道工克拉伯（Thomas Crapper，1837-1910），一直被認為是抽水馬桶的發明者。他除了設計出 U 形管系統外，也和陶瓷師傅特懷弗德一起發展出純陶瓷馬桶（1885），取代以往的鐵製材料。

　　然而，考古學家發現，遠在古埃及、羅馬和希臘等古文明時代，就已經有類似設備的存在。

　　例如，約在 4,000 年前，希臘克里特島（Crete）上的克諾索斯皇宮（Palace of Knossos），就已經有一個裝置木製坐墊和小水池的廁所。

　　而在中國河南省商丘縣，一座約 2,000 年前的西漢[13]王室墓穴中，也發現一個由石頭做成、裝有馬桶座和扶手的如廁設備，可以用水沖刷。

　　其實，英國在伊莉莎白一世時期（1558-1603），一名被流放的教士哈林頓(John Harinton)，約在 1584-1591 年間，就設計出全世界第一

---

12. 參見：
　　朱雅麗、何雋編輯，《改變世界的 100 項發明與發現》（臺北：明天，2006/8），頁 142。
　　http://news.bbc.co.uk/chinese/trad/hi/newsid_690000/newsid_698300/698311.stm（BBC Chinese/如廁之際想環保）
　　http://163.21.42.21/material/html/downloads/4_Nightstool.ppt（夜壺）
　　http://big5.cri.cn/gate/big5/gb.cri.cn/9223/2006/01/20/1725@869865.htm（國際線上／啓蒙時代：公共廁所）
13. 西漢王朝起迄年代為 206 B.C.-24 A.D.

個與儲水池相連的抽水馬桶。他對這項發明頗為自豪，特地以荷馬史詩中的英雄「埃傑克斯」（Ajax）[14] 命名。還寫了《夜壺的蛻變》一書，詳細描繪他的設計。然而，由於沒有任何排污主管道和自來水，大眾並沒有接受這項發明，還是習慣使用便壺。

到了 1775 年，倫敦鐘錶匠卡明斯（Alexander Cummings），研製出沖水型抽水馬桶，以「S」字形活門（又稱「卡明斯管」），把水存在水箱中。

1778 年，布拉梅（Joseph Bramah，1748-1814），改良「卡明斯管」，把水箱置於牆上，並在裡面安設帶絞鍊的槓桿裝置，藉以操控排水。也用三球閥控制流水量，U 形彎管控制臭味。取得專利權。

1848 年，英國頒布《公共衛生法令》，規定任何新建物裡面，必須闢有廁所、安裝抽水馬桶和存放垃圾的地方。這為抽水馬桶的技術發展提供了有利條件。

倫敦一直到 1860 年代，才開始提供排水設施，眾人也才得以開始享受抽水馬桶的好處。直到 19 世紀末，歐洲各城鎮大都已經安裝自來水管道的排污系統，抽水馬桶正式進入大眾的日常生活中。

時至今日，抽水馬桶的設計已和環保相結合，希望能減少資源浪費、降低對自然環境的危害。如，有人致力於研發「不必沖（水）馬桶」、「水循環馬桶」（沖過的水經過再處理可以再循環使用）、「轉肥馬桶」（直接將排泄物轉為肥料）……。

---

14. 埃傑克斯是位身材魁梧、驍勇善戰、但頭腦遲鈍的人。

我的聯想：_____

_____

_____

_____

_____

家庭作業　（作擇一題，答之於後）

1. 請任擇一位本單元曾提及的名人（如林肯、柴可夫斯基、阿基米德），或專有名詞（如物競天擇、浮力原理、萬有引力），尋找相關資料及趣聞軼事，然後有創意的表達。

2. 閱讀〈創意思考的靈光閃耀〉(M. Gardner，薛美珍譯，《啊哈，有趣的推理》，臺北：天下，1999/9。〈序〉)。然後摘錄三則佳句，加以眉批。並說明自己曾經有過的「靈光乍現」。

3. 請設定學校某位老師，仔細觀察他（她）的服裝、面部表情、肢體動作及口頭禪，持續約一星期後，詳細描述觀察所得。（觀察期間請勿被察覺）

4. 請建議跟本單元主題相關的文章、網頁或視聽資訊，並說明出處及相關處。

我所選擇的作業及解答：＿＿＿＿＿＿＿＿＿＿＿＿＿＿＿＿＿＿＿

＿＿＿＿＿＿＿＿＿＿＿＿＿＿＿＿＿＿＿＿＿＿＿＿＿＿＿＿＿＿＿

＿＿＿＿＿＿＿＿＿＿＿＿＿＿＿＿＿＿＿＿＿＿＿＿＿＿＿＿＿＿＿

＿＿＿＿＿＿＿＿＿＿＿＿＿＿＿＿＿＿＿＿＿＿＿＿＿＿＿＿＿＿＿

＿＿＿＿＿＿＿＿＿＿＿＿＿＿＿＿＿＿＿＿＿＿＿＿＿＿＿＿＿＿＿

＿＿＿＿＿＿＿＿＿＿＿＿＿＿＿＿＿＿＿＿＿＿＿＿＿＿＿＿＿＿＿

 延伸閱讀及推薦網頁、影片

1. 詹宏志，〈巴黎司機訓練法〉（《創意人》，臺北：臉譜，1996/6。頁 100-104）
   強調觀察力不是天賦，而是長期、有耐心的練習。

2. Roger-Pol Droit，胡引玉譯，《拔一根頭髮，在幻想的森林中漫步》（臺
   北：大塊，2003/4）。提供 101 則顛覆性實驗，如邊喝水邊尿尿、跟著
   螞蟻動、尋找藍色食物……，奇妙有趣。

3. 「 http://www.libertytimes.com.tw/2007/new/may/16/today-e4.htm 」
   （3M 深耕臺灣，大發創意財）。說明「創意」為 3M 的核心價值，產
   品遍及各種領域，項目高達 6 萬多種，每年仍不斷增加中。而臺灣 3M
   看好臺灣消費市場前景，加碼投資，希望能讓 3M 的創意深入到更多
   臺灣人的生活角落。後文並介紹臺灣 3M 常務董事兼總經理趙台生的
   發跡過程。

4. 影片《男人百分百》（What Woman Want）。描述廣告創意人尼克（Mel
   Gibson 飾），十分大男人主義，雖然外表光鮮、生活優渥，但在感情、
   親情及同事間卻常常動輒得咎。某次觸電意外，讓他擁有聽到女人心
   聲的超能力。一開始他感到惶恐、排斥，後來卻利用此一能力專心傾
   聽女人，藉以謀求工作及人際關係上的好處。甚至「竊取」新創意總
   監（這是他覬覦已久的職位）黛希（Helen Hunt 飾）心中的創意。雖
   然因此導致她的去職，但最終卻成為歡喜冤家。可當作「靈光乍現」
   的補充教材 [15]。

---

15. 相關資訊及評論可參見：http://www.imdb.com/title/tt0207201/（What Woman
    Want）http://210.60.194.100/life2000/lesson/3/36/364/364_910128_1.htm（高
    淑華：傾聽內心的聲音）

memo

Creative Motivation

05
CHAPTER

模仿改良

學習目標

一、了解模仿改良的涵義

二、了解模仿改良的運用策略

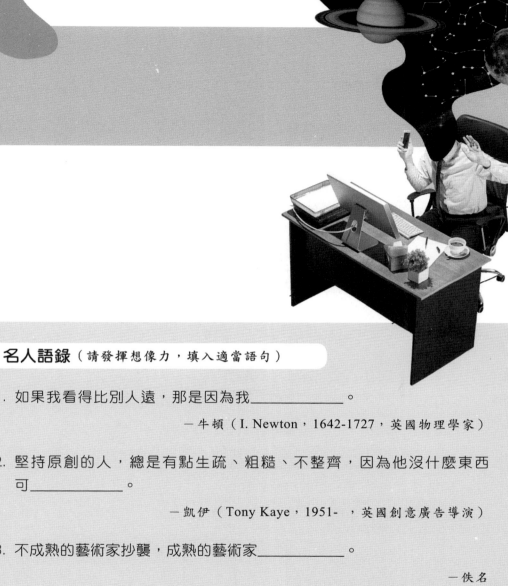

名人語錄（請發揮想像力，填入適當語句）

1. 如果我看得比別人遠，那是因為我＿＿＿＿＿＿。

　　　　　　　　—牛頓（I. Newton，1642-1727，英國物理學家）

2. 堅持原創的人，總是有點生疏、粗糙、不整齊，因為他沒什麼東西可＿＿＿＿＿＿。

　　　　　　　　—凱伊（Tony Kaye，1951-　，英國創意廣告導演）

3. 不成熟的藝術家抄襲，成熟的藝術家＿＿＿＿＿＿。

　　　　　　　　　　　　　　　　　　　　　　　　　　—佚名

我的有關「模仿改良」的名言（自創或引用）：

＿＿＿＿＿＿＿＿＿＿＿＿＿＿＿＿＿＿＿＿＿＿＿＿＿＿＿＿＿

＿＿＿＿＿＿＿＿＿＿＿＿＿＿＿＿＿＿＿＿＿＿＿＿＿＿＿＿＿

＿＿＿＿＿＿＿＿＿＿＿＿＿＿＿＿＿＿＿＿＿＿＿＿＿＿＿＿＿

＿＿＿＿＿＿＿＿＿＿＿＿＿＿＿＿＿＿＿＿＿＿＿＿＿＿＿＿＿

動動腦

請完成以下的火柴棒遊戲：

一、移動一根火柴棒，讓算式成立。

提示：至少有 4 種可能做法

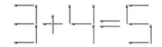

二、移動 2 根火柴棒，讓球跑到框外，但不能破壞框框形狀。

提示：請仔細思考「移動」的可能涵義

三、移動 3 根火柴棒，讓 IQ 變成 100。

提示：至少有 3 種可能做法

暖身活動

　　請仿照「天國的嫁衣─一段愛與守候的故事」的文字脈絡，造出「天國的××（押一韻）─一段××與××的故事」的文句[1]。如：

　　天國的毛皮大衣，一段保育人士與社會名流吵翻天的故事。

　　天國的木乃伊，一段人與紗布糾纏的故事。

　　天國的手扒雞，一段頂呱呱與肯德基的故事。

　　天國的金田一，一段兇手與偵探的故事。

　　天國的歐伊，一段闖紅燈與救護車的故事。

　　天國的 IE，一段當機與藍白畫面的故事。

　　天國的二一，一段當與被當的故事。

　　天國的奶姬（荔枝），一段楊貴妃與玉荷包的故事。

　　………………

我的解答（多多益善，至少 5 則）：＿＿＿＿＿＿＿＿＿＿＿＿＿

＿＿＿＿＿＿＿＿＿＿＿＿＿＿＿＿＿＿＿＿＿＿＿＿＿＿＿＿＿

＿＿＿＿＿＿＿＿＿＿＿＿＿＿＿＿＿＿＿＿＿＿＿＿＿＿＿＿＿

＿＿＿＿＿＿＿＿＿＿＿＿＿＿＿＿＿＿＿＿＿＿＿＿＿＿＿＿＿

＿＿＿＿＿＿＿＿＿＿＿＿＿＿＿＿＿＿＿＿＿＿＿＿＿＿＿＿＿

＿＿＿＿＿＿＿＿＿＿＿＿＿＿＿＿＿＿＿＿＿＿＿＿＿＿＿＿＿

1. 取材自「http://www.tt1069.com/bbs/drchiver/?tid-168318.html」

5-1 前 言

雅特富萊（Art Fry，1931-）任職 3M 公司，擔任化學工程師。他同時也是教會唱詩班一員。

每次獻唱前，他總習慣在預唱歌曲的頁次內夾紙片，做為標示。然而，紙片卻常在翻頁時掉落，這讓他頗感懊惱。

1974 年的某個星期天，他一如往常地獻唱詩歌，紙片也一如往常地掉落。

突然間，一個念頭閃過腦海（靈光乍現）：「如果紙片有塗膠，是否就不會掉落？而如果撕掉紙片時不會破壞書本，那就更完美無缺了！」

於是，他有了「黏性便條紙」的想法。（魔島浮現）

隨後，他發現公司裡另一位化學工程師席爾巴（Spencer F. Silver，1941-），早在 4 年前就已經發明這種黏膠，只是還沒善加應用。

因此，他加以「模仿改良」，設計出能大量生產黏性便條紙的機器。

1981 年，3M 將此產品命名為「Post-it」（利貼），開始銷售。直到現在，它仍舊是公認，最方便又有效率的留言備忘工具。

電視影集《百戰天龍》（MacGyver）[2] 中，男主角馬蓋先（Angus MacGyver），身上只有一把瑞士刀（Victorinox），卻常常能夠就地取材，把日常生活中一些平凡無奇的普通物品稍加「改良」，就化腐朽為神奇，

---

2. 本影集全 7 季共 141 集，1986 年於臺灣台視首播，造成風潮。由於觀眾欲罷不能，前後共播出四次。也因為在臺灣實在太受歡迎了，舒跑運動飲料還請曾經邀請飾演馬蓋先的 RAD（Richard Dean Anderson）拍了一部用一枚舒跑拉環幫美女修車的廣告。

幫助自己或夥伴脫離險境。例如，他曾經只使用一個打火機和一面鏡子，就把門鎖打開。還有一次，他只使用紙夾和鞋帶，就從兩個配有火箭筒的人身旁逃走[3]。

　　成功大學為了建構一個跨學科、領域的對話平台，「仿效」劍橋大學師生喝下午茶的傳統[4]，成立「成大叩門（ecko）——成大咖啡時間」，於每週五下午 3：30 至 5：00 間，邀請所有成大師生、教職員工，甚至是校友、社區人士、企業領袖齊聚自強校區電機系「奇美樓」一樓咖啡部，大家一起「客燒」、聊天、交流。每次聚會，都安排有一位講者，先以 5 分鐘簡介自己的專業，然後開放 5 分鐘答詢、對話，之後便是自由交談時間。自 2007/6/8 開幕之今，已造成了一股風潮。[5]

　　以上都是優質的「模仿改良」，賦予了舊產品（觀念）新生命。

---

3. 有人因此提出「馬蓋先主義」（Macgyverism）一詞，意指面臨困境時，化險為夷的技術與巧思。

4. 根據陳之藩在《劍河倒影》一書中的說法，劍橋的傳統，一天三頓飯、兩次茶，大家一塊吃。所以同樓的人每天可見到 3 至 5 次面。這種環境逼迫著每個人與另外一個人接觸、交流，談論各式各樣的話題，相互激盪發出智慧的火花。

5. http://www.ncku.edu.tw/~artctr/2007_04%7E05/ecko-newsrelease.htm（「成大叩門——成大咖啡時間」新聞稿）。

 問題與討論 ①

請汰換常用語詞的關鍵字，並賦予新義。如：

查戶口→茶戶口：泡沫紅茶店

監察院→煎茶苑：茶葉專賣店

面面周到→麵麵粥道：麵食與粥專賣店

八國聯軍→芭國聯軍：芭樂專賣店

今生今世→金生金飾：金飾品

郭富城→＿＿＿＿＿＿＿＿＿＿＿＿＿＿＿＿＿＿＿

十全十美→＿＿＿＿＿＿＿＿＿＿＿＿＿＿＿＿＿＿

意義非凡→＿＿＿＿＿＿＿＿＿＿＿＿＿＿＿＿＿＿

多采多姿→＿＿＿＿＿＿＿＿＿＿＿＿＿＿＿＿＿＿

龍的傳人→＿＿＿＿＿＿＿＿＿＿＿＿＿＿＿＿＿＿

狹路相逢→＿＿＿＿＿＿＿＿＿＿＿＿＿＿＿＿＿＿

得意的一天→＿＿＿＿＿＿＿＿＿＿＿＿＿＿＿＿

＿＿＿＿＿＿→＿＿＿＿＿＿＿＿＿＿＿＿＿＿＿＿

＿＿＿＿＿＿→＿＿＿＿＿＿＿＿＿＿＿＿＿＿＿＿

＿＿＿＿＿＿→＿＿＿＿＿＿＿＿＿＿＿＿＿＿＿＿

5-2　模仿改良的涵義

一般而言，人類很像狗，聽到遠方傳來的吠聲，也會跟著叫。

—— 伏爾泰（Voltaire，1694-1778，法國哲學家）

所謂「模仿改良」，就是對既有觀念或物品進行「創造性改變」，藉以提出「新」觀念或「新」產品。

人類的文化文明，包括有形的科技產品、或無形的觀念制度，都肇建在「模仿改良」的基礎上。

例如，溫度計的發明就是一個經典範例。[6]

2,000 多年前，羅馬人發明了一種時髦的裝飾品，用一條細細長長的弧形管，一端放入混著顏料的水杯，另一端則擺在空瓶子裡。隨後在水杯底下加熱，不久便可看到五彩繽紛的水珠，紛紛從另一端滴漏在空瓶子裡。

1592 年，義大利天文學家伽利略（Galileo，1564-1642）「模仿改良」羅馬人的這種裝飾品，製造了第一支溫度計。以空氣為測溫物質，由上端玻璃泡內空氣的熱脹冷縮來指示冷暖。

1632 年，法國珍雷伊（Jean Rey，ca.1582-1645），「模仿改良」伽利略的溫度計，把它倒轉過來，並以水為測溫物質。但玻璃管有開口，水會因而不斷蒸發。

1657 年，義大利佛羅倫斯（Florence）西門圖科學院的院士，「模仿改良」珍雷伊的溫度計，改用酒精為測溫物質，並封閉玻璃管開口，同時選擇最高和最低的溫度固定點。

---

6. 參見 http://www.nsc.gov.tw/files/popsc/2004_45/9305-01.pdf（專題報導／熱力學）

1659 年，法國天文學家布利奧（Ismael Boulliau，1605-1694），「模仿改良」西門圖院士的溫度計，以水銀為測溫物質，製造出第一支水銀溫度計。

1660-1700 年期間，波義耳（Robert Boyle，1627-1691）和牛頓（Issac Newton，1642-1727）等重要科學家，積極主張制定溫標的重要性。對溫度計的發展功不可沒。

1702 年，法國科學家阿蒙頓（Guillaume Amontons，1663-1705），「模仿改良」前輩們的成果，製造出一個以水銀為測溫物質、且與大氣壓力無關的 U 型氣體溫度計，與現今標準氣體溫度計相近。

1714 年，荷蘭氣象學家華倫海特（Gabriel Danniel Fahrenheit，1686-1736），製作出第一批刻度可靠的溫度計（有水銀及酒精兩種），並選定三個溫度固定點。此即「華氏溫標」℉。

1742 年，瑞典天文學家攝耳修斯（Anders Celsius，1701-1744），以水銀為測溫物質，把水的沸點定為零度，冰點定為 100 度，成為百分度的溫標，即「攝氏溫標」。

8 年後（1750），攝耳修斯的學生兼同事斯勒默爾（Stromer），把攝氏溫標的兩個溫度值對換（即冰點為 0 度，沸點為 100 度），並把它們分成 100 個刻度，每個小刻度稱為 1 攝氏度，並用符號 1℃表示。此即近代所用的「攝氏溫標」。

到此為止，溫度計總算定型了。

問題與討論 ❷

　　請以唐代詩人劉禹錫（772－842）的〈陋室銘〉為範本，仿作一文
（網路版僅可參考，嚴禁「抄襲」）：

　　山不在高，有仙則名。水不在深，有龍則靈。斯是陋室，惟吾德馨。
苔痕上階綠，草色入簾青。談笑有鴻儒，往來無白丁。可以調素琴，閱
金經。無絲竹之亂耳，無案牘之勞形。南陽諸葛廬，西蜀子雲亭。孔子
云：「何陋之有？」

答：_____

　　　_____

　　　_____

　　　_____

5-3　模仿改良的運用策略

「模仿改良」，並非毫無主見地依樣畫葫蘆，而是要超越既定模式，重開新局，是「天衣無縫」的模仿，加上「青出於藍」的改良。

運用上，包括兩個步驟。

一、尋找範本

「範本」可分兩類：「滿意類」和「不滿意類」。

不論何類，範本隨處可見、隨時可得。

譬如，逛街時，把所看到最滿意和最不滿意的招牌（或櫥窗設計、室內動線、服務人員穿著……）記下來（拍下更好），回家歸檔後，就是未來可能發揮大功用的範本。

依此類推、看書、欣賞電影、聆聽音樂、享受美食、與人交際、出國旅遊……時，都可以同時進行範本的尋找。

東晉書法家王羲之（321-379、或303-361），每到一處，總是四下鈐拓「歷代碑刻」，因而累積大量足為範本的書法資料。

莎士比亞（W. Shakespeare，1564-1616，英國劇作家）的《哈姆雷特》（Hamlet）[7]，以「丹麥傳奇故事」為範本。

日本經營之神松下幸之助（1894-1978），以「暢銷商品」為範本，大量生產類似品，並以較優品質與較低售價，攻占廣大消費市場，建立松下王國。[8]

---

7. 《哈姆雷特》，英文原名 "The Tragedy of Hamlet, Prince of Denmark"，又名，《王子復仇記》，是莎士比亞最負盛名的劇本，和《馬克白》、《李爾王》和《奧塞羅》合稱「四大悲劇」。
8. 松下王國被視為是，「把改良產品賣得特別便宜的工廠」。

　　大陸有家防盜門業者，以《滿城盡帶黃金甲》的「電影名稱」為範本，強調自家防盜門有如黃金甲般堅固。業績因此長紅，訂單接到手軟。[9]

　　迪士尼樂園（Disney Restore）裡的遊樂設施「親愛的，我把觀眾縮小了」（Honey, I Shrunk the Audience）[10]，以電影《親愛的，我把孩子縮小了》（Honey, I Shrunk the Kids，1989）為範本。

　　東森綜合台的《百戰大勝利》，以華視《百戰百勝》（1988/10/16-1998/3/1）為範本。而《百戰百勝》則以日本東京廣播公司的《古堡風雲》為範本。

　　好萊塢電影《神鬼無間》（The Departed）[11]以港片《無間道》為範本。

　　電影《驚聲尖笑》（Scary Movie）以《驚聲尖叫》（Scream）為範本。

　　中天電視台的《全民大悶鍋》，以攻佔媒體版面的熱門人物為範本。

　　歌星張韶涵的歌曲〈寓言〉，以〈天賜良緣〉為範本。

　　…………

---

9. 電影《滿城盡帶黃金甲》因為名稱響亮，各行各業都搶來沾光。自開拍起（2006年3月），大陸民眾就開始搶著註冊「黃金甲」商標。包括保險套、餅乾、服飾、酒類、醫療器材……等，共有44項商品，名字都叫「黃金甲」。
　　參見 http://www.ettoday.com/2006/12/17/162-2028892.htm。
10. 東京迪士尼樂園，把此一遊樂設施命名為「微縮世界探險」（Micro Adventure）。
11. 本片描述臥底警察與黑幫組織之間的糾葛與衝突，榮獲 2007 年奧斯卡最佳影片、最佳導演、最佳改編劇本以及最佳剪輯等四座大獎。

創意 發想
CREATIVE MOTIVATION

問題與討論 ③

　　請列舉日常生活中，令你感到不滿意（不方便、不充足）的現象、設施（備）、商品、制度……。至少 **5** 項，多多益善。

答：＿＿＿＿＿＿＿＿＿＿＿＿＿＿＿＿＿＿＿＿＿＿＿＿＿＿

＿＿＿＿＿＿＿＿＿＿＿＿＿＿＿＿＿＿＿＿＿＿＿＿＿＿＿＿

＿＿＿＿＿＿＿＿＿＿＿＿＿＿＿＿＿＿＿＿＿＿＿＿＿＿＿＿

＿＿＿＿＿＿＿＿＿＿＿＿＿＿＿＿＿＿＿＿＿＿＿＿＿＿＿＿

＿＿＿＿＿＿＿＿＿＿＿＿＿＿＿＿＿＿＿＿＿＿＿＿＿＿＿＿

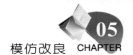

二、創造性改變

> 一般人缺乏獨立的意見。他並不想去研究或深思，構成自己的意見，
> 只是急於得知鄰居的意見，然後盲目跟從。
>
> ——馬克吐溫（Mark Twain，1835-1910，美國作家）

戊戌變法[12]失敗後，光緒皇帝（1871-1908）被慈禧太后（1836-1908）軟禁在瀛台，每天除了讀書，就是撫弄外國進貢的八音琴盒。

有一天，光緒把八音琴盒拆散，要求工匠重新組裝起來。

這對工匠來說，並非難事。但光緒卻是要求按照他所畫的圖組裝，那張圖把琴盒裡每個零件的原來位置和距離都改變了。工匠一看，覺得有點莫名其妙，而且擔心腦袋搬家。因為要是照著裝，聲音會全變了調。

工匠於是趕緊稟奏，請光緒三思。

光緒堅持己見，要求工匠務必按照他的設計圖組裝，並保證壞了也不怪罪他。

工匠只好小心翼翼地按圖組裝。

完成後，上緊發條、打開琴盒，一聽不得了，傳出的聲音已經不是西洋樂曲，而是道道地地的中國崑曲。

原來，光緒曾經不止一次拆開過琴盒，仔細研究裡面音符高低和節拍長短的道理，所以才能夠「別出心裁」地按照崑曲的工尺譜，重新設計琴盒內零件的結構，讓它發出崑曲。

這就是「創造性改變」。

---

12. 又名「百日維新」，發生於清朝光緒 24 年間（1898/6/11－9/21），由光緒皇帝親自領導，試圖進行政治體制變革，帶領中國走上君主立憲的現代化道路。

就像書法家，不能只停留在「臨摹」[13] 階段。尋找範本只是手段，真正的重點在「創造性改變」。

缺乏「創造性改變」，只是抄襲。

抄襲就像東施效顰 [14]，很容易適得其反。

$$\frac{\begin{array}{r}範本 \\ +\quad 0\end{array}}{抄襲}$$

$$\frac{\begin{array}{r}範本 \\ +創造性改變\end{array}}{創新}$$

四格漫畫《研究所漫畫集錦》[15] 中，有一則作品〈弄巧成拙〉，描述研究生看到好的論文都會想模仿，但怕被發現是抄襲，所以都加以修改。如，某研究生把「經研究指出，成功機率為百分之 90」這段話，改為「有百分之 90 的成功機率為研究所證實」。後來教授審閱時，認為那段話語氣不順，還指責學生應加強國文能力，並好心修改為「經研究指出，成功機率為百分之 90」，又成為原來的句子。

這就是缺乏「創造性改變」的結果。

---

13. 「摹」與「臨」是傳統練字必經程序，先摹後臨。「摹」有「描紅」、「影格」兩種。「描紅」是用毛筆依著印有紅字的描紅本直接書寫，「影格」是把薄紙放在字帖上隔紙描寫。「臨」則是在「摹」的基礎上，對照著帖子寫。
14. 「西施病心而顰其里，其里之醜人見之而美之，歸亦捧心而顰其里。其里之富人見之，堅閉門而不出；貧人見之，挈妻子而去走。彼知顰美而不知顰之所以美。」《莊子・天運》

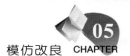
那麼，要如何進行「創造性改變」呢？

我們並無法提供制式的標準作法，但不妨嘗試如下幾個著力點：

1. 改變材質：

如，有人用「布料」製作幾可亂真的蛋糕、餅乾，成為一種「美味」的擺飾品。也有人為了旅遊時的娛樂，改用「磁鐵」材質製作象棋，發明「旅遊象棋」，非常便於攜帶。

書本的發展，歷經「壁畫」、「石版」、「石片」、「龜甲」、「木板」、「竹簡」等不同材質，最後才過渡到「紙張」。

衛生棉的材質，從古代的「海綿」、「長布條」，發展到近代的「棉絮」、「織優朗」、「不織布」，一直到現代的「棉狀紙漿和高分子聚合物」，愈來愈輕、薄、吸量多，使得女性在生理期間更加舒適便利。

1970 年代，全球適逢能源危機，人們正思索因應之道。於是開發出具質輕、安全、節省能源等特性的寶特瓶（PET），並於 1977 年用來取代鐵、鋁罐、玻璃瓶等傳統容器，迅速成為飲料、醬油、礦泉水等的主要包裝材料。

發明家蘇正萬以紙為材料，發明「紙製拋棄式奶瓶」[16]，贏得「全國發明展金頭腦獎」，以及 1995 年「日內瓦發明獎金牌獎」。[17]

---

15. http://www.wretch.cc/album/album.php?id=gradlive&book=2&page=6（gradlive 的相簿/研究所漫畫集錦）

16. 拋棄式奶瓶要丟棄的並不是奶瓶，而是奶瓶內的拋棄袋或拋棄杯。父母每泡一次奶，就使用一個拋棄袋或拋棄杯，嬰兒喝過後就可丟棄，不必擔心清洗不便。

17. 參見：http://www.greencom.com.tw/invent/service/service_5.htm（發明家採訪記／蘇正萬）

2. 改變造形：

如，為了方便女性於生理期間的某些特殊需求（如玩水、游泳、或穿超短裙、短褲時），有人把衛生棉的造形改為棉柱體，「衛生棉條」因而產生。

還有人把馬桶改為喇叭形、水龍頭改為機車形狀、打火機身改為曼妙的美女身材、冷清肅殺的基地美化為觀光景點……等。

有兩位薄餅製造商，所提供的產品，無論在品質或價格上皆旗鼓相當。但因為某些原因，消費薄餅的人愈來愈少。其中一位，沒採取任何行動就放棄了這個行業。另外一位，卻把薄餅做成錐狀體，因而創造了新產品——冰淇淋三角杯[18]。

一般公司的辦公大樓都是中規中矩，美國俄亥俄州（Ohio）有家竹籃製造商 Longaberger，卻把總部做成竹籃子模樣。[19]

日本功學社，改變機車傳統造型，加大車輪，強調速度、彈性、野性與帥性，於 1983 年推出「YAMAHA 越野霸王」，上市不到 4 個月，銷售量就突破 1 萬輛。

華歌爾公司（Wacoal），把女性胸罩扣環的位置，從背部中央移到胸部中央，強調便利、安心、美觀、新奇與時髦性，於 1978 年 2 月推出「前扣式胸罩」。

臺中中友百貨，顛覆廁所一向給人冰冷、無趣的形象，推出各式各樣的主題廁所，如水晶迷情（A 棟 3F）、宮廷巴洛克（A 棟 5F）、童話城堡克（A 棟 7F）、生活易開罐（A 棟 10F）、海底總動員（C 棟 7F）、秘密花園（A 棟 12）……。[20]

---

18. 《創意思考玩具庫》，頁 49。
19. http://www.longaberger.com/
20. http://www.chungyo.com.tw/card/card_list.asp

3. 改變體積：

(1)　變小

　　　　桃園市龍潭區小人國遊樂區，以世界各地知名景觀建築縮小模型為主題，共 133 組，分為臺灣、中國大陸、歐洲、美洲、非亞洲等五大景觀區。每座模型皆以 1/25 比例縮小呈現，栩栩如生。

　　　　日本花王公司，把舊有洗衣粉的體積縮小至 1/4，強調包裝輕巧、攜帶方便，和洗淨力超強的特性。於 1987 年 5 月推出「一匙靈」。

　　　　英國作家斯威夫特(Jonathan Swift，1667-1745)寫《格列佛遊記》（Gulliver's Travels，1726），描述格列佛的四次航海奇遇。其中，第一次奇遇發生在「小人國」，全國百姓身高只有 20 公分。

(2)　變大

　　　　《格列佛遊記》的第二次奇遇，發生在「巨人國」。那些巨人只要用食指和姆指，便能將格列佛舉到空中。

　　　　高雄渡船頭海之冰專賣店，推出可供 10 人一起享用的超級大刨冰，是店內熱賣冰品，吸引無數顧客，尤其一到休閒假日，常常一位難求。

　　　　桃園市大溪區公所，為重拾陀螺昔日風采，舉辦大溪陀螺節，除有靜態的彩繪陀螺外，更有動態的大陀螺技藝表演及陀螺競賽，陀螺的重量從 3 台斤、5 台斤、10 台斤，一直到 168 台斤。其中一顆重達 90 台斤的陀螺，因為抽打旋轉達 63 秒，已列入正式紀錄。

　　　　臺北市信義區 101 大樓（Taipei 101 Mall），地上 101 層，地下 5 層，標高 509.2 公尺，曾是全世界最高的大樓（不含天線）。

　　　　德國首都柏林一家名為 Radisson SAS Hotel Berlin 的 5 星級酒店，大堂內有一只高 24 公尺的巨大圓筒型直立魚缸（Aqua Dom），容量達 100 萬公升，裡面有超過 2,500 條海洋魚類和其他海洋生物。置身其下，抬頭看不到底部。魚缸內設有一部雙層升降機，定時接載觀光客上上下下，欣賞這陸上的海洋奇景。

4. 改變用途：

增加、減少，或轉變某產品的原始功用。如：

保險套曾在 1991 年波斯灣戰爭期間，發揮極大的另類用途——槍口防塵套。原來，中東沙漠地帶飛沙走石，常造成武器故障。保險套大小適中、價錢又便宜，士兵們拿它們當作槍口防塵套，大大減低武器故障率。

保鮮膜，主要是用來保持蔬菜水果的新鮮。但，如果把它放在腳踏墊下，便可發揮另類功能——增加腳踏墊止滑力，不再因人來人往而到處移動 [21]。

太陽眼鏡原是二次世界大戰期間，專為飛行員用作吸收日光的防護鏡。沿革至今，款式及材質，雖然大有進展（如鏡框從鈦鋼、記憶鋼、到奈米，鏡片則從玻璃、樹脂、到俗稱「太空鏡片」的聚碳酸酯，Polycarbonate，PC），但功能卻還在「原地踏步」。對此，香港蘭光集團經過多年研究，成功研製出「藍博旺數字眼鏡」，具備如下多項新功能 [22]：

(1)　　內置 MP3/WMA。享受音樂時，沒有多餘的耳機線「煩繞」身上。

(2)　　全程錄音和復讀功能。

(3)　　全自動搜台 FM 收音功能。

(4)　　外接發送器，可用做電腦、DVD 等音源的無線耳機。

(5)　　直插式 U 盤存取文件功能。

(6)　　內含可充鋰電池，USB 自動充電。

---

21. 參見 http://tv.ettoday.com/ettv/article/181-17889.htm（「保鮮膜止滑法」）。

22. 參見 http://yindanie.cn.seecc.com/Default.shtml（藍博旺數碼科技(深圳)有限公司）。

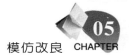

5. 改變流程：

如，1940 年代出現的「得來速」（Drive Thru），改變到店消費的流程，讓顧客留在車內就可以快速得到消費品。

信用卡改變「貨幣與商品間即時交易」的消費流程，啟動先享受後付款的商業機制，對社會經濟與金融業的發展影響深遠。

各公、私立服務性機構（如郵局、銀行、醫院）改變任顧客隨機排隊的流程，改以抽號碼牌決定先後次序，讓顧客得以平心靜氣等候，同時也改善了櫃檯服務人員的工作態度與效率。

大陸江蘇省中大醫院啟用新的醫療服務流程，讓每位病人擁有一個專屬條形碼，內有個人基本資料。就診時，從掛號、候診、叫號看診、醫生開處方到取藥，全部無紙化作業，患者所花費時間減少了 **30.46%**，從平均的 **68** 分鐘降為 **45** 分鐘。[23]

---

23. http://www.longhoo.net/big5/longhoo/ztc/userdoject 1ai 585569.html

創意 發想
CREATIVE MOTIVATION

問題與討論 4

　　請針對「檯燈」這個範本，加以「創造性改變」。（圖文並茂最討喜）

答：＿＿＿＿＿＿＿＿＿＿＿＿＿＿＿＿＿＿＿＿＿＿＿＿＿＿＿

　　＿＿＿＿＿＿＿＿＿＿＿＿＿＿＿＿＿＿＿＿＿＿＿＿＿＿＿＿＿

　　＿＿＿＿＿＿＿＿＿＿＿＿＿＿＿＿＿＿＿＿＿＿＿＿＿＿＿＿＿

　　＿＿＿＿＿＿＿＿＿＿＿＿＿＿＿＿＿＿＿＿＿＿＿＿＿＿＿＿＿

會心一笑

趴在桌上睡覺的洪述霖

某天上課時，洪述霖明目張膽的趴在桌上睡覺。

老師晁潮懈發現後，生氣地叫旁邊的同學譚圖瑜把他叫起來！

那知道譚圖瑜不知道吃了什麼熊心豹子膽，竟然回答：「是你自己把他弄睡的，你自己去把他叫醒！」

長智慧：

(1) 吾愛吾師，吾更愛真理。

　　　　　　　　　　　　—亞里斯多德（Aristotle, 384-322 B.C. ，古希臘哲學家）

(2) 自己應該做的事千萬別請人代勞，除非對方不曉得事情底細。

(3) 我的智慧：_____

創意人

普普大師安迪沃荷[24]

> 我覺得所有人都是一部機器，人和人是相似的、甚至是相同的，因為你每天都在同樣的時間做同樣的事情，而且是日復一日地做。

—安迪沃荷（Andy Warhol，1928-1987）

安迪沃荷是美國 50-60 年代的風雲人物。他是美國最具代表性的普普藝術（Pop Art）[25]家。觀點前衛獨特、嬉笑怒罵自如。這導致各方評價不一，如「空無一物的本體」、「灰姑娘與吸血鬼的綜合體」……。但無可否認，他帶給大眾的娛樂性和啟發性，少人能及。

1928 年，安迪沃荷出生美國匹茲堡。小時性格內向，喜歡塗鴉。

21 歲時（1949），自匹茲堡大學美術系畢業，移居紐約。從事為明星設計圖片、唱片封套、雜誌版面……等工作，也為肥皂、胸罩、寶石、口紅、香水等商品設計圖案。

50 年代，安迪沃荷已經是商業廣告界的第一流設計師。

---

24. 參見：
http://sudu.so-buy.com/front/bin/ftdetail.phtml?Part=MIN035&Seq=8195
（紐約地下/安迪·沃荷的電影）
Andy Warhol，盧慈穎譯，《安迪·沃荷的普普人生》（台北：三言社，2006/7）
http://www.cite.com.tw/product_info.php?products_id=11400#2（城邦讀書花園/安迪·沃荷）

25. 「POP」（普普）是 "Popular" 的縮寫，意即流行藝術、通俗藝術。「普普藝術」（POP Art）一詞，最早出現於 1952-1955 年間，由倫敦一批青年藝術家，在社團討論會上提出。主張都市現象是現代藝術創作的絕好材料，藝術家不僅要正視商業消費文明的衝擊，而且應該成為通俗文化的傳媒。也就因此，反對抽象形式，重回具象風格，表現手法細膩且明確。作品中，常大量運用廢棄物、商品招貼、電影廣告、各種報刊圖片、漫畫……等被人棄之不顧或已經被人處理過的東西（甚至是複製中的複製）。

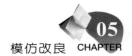

安迪沃荷的創作形式非常廣泛，包括繪畫、版畫、拼貼、雕塑、攝影、廣告、電影……，每一項都有相當不錯的成績。

安迪沃荷認為，藝術和藝術品應該可被「量產」，曲高和寡的前衛藝術應該通俗化，這樣才能深入人心。因此，他把自己在紐約的工作室命名為「工廠」，在這個寬敞的「工廠」裡，他監督「藝術工人」們製作版畫、海報、鞋子、書籍或其他產品。當然，也包括拍攝電影。而這些電影又稱為「工廠電影」（Factory Films）。

安迪沃荷的藝術創作與美式消費文化息息相關，大眾熟悉的圖像（如明星、名人頭像、日常生活用品、電影，甚至卡通圖像……）都是他信手拈來的創作素材。著名作品有《瑪麗蓮夢露》（1967，美國科羅拉多州個人藏）、《綠色可口可樂瓶》（1962，美國惠特尼博物館藏）……等。

綜而言之，安迪沃荷擺脫傳統文化包袱，開創了一個屬於美國新大陸的視覺世界，也傳達了新世界的價值觀。

這種價值觀是「世俗平等」的價值觀，無關乎身分、地位、宗教信仰或教育背景。就如他所說的：

> 你打開電視，看到可口可樂，你知道總統喝可樂，伊麗莎白泰勒喝可樂，你再想想，你也可以喝可樂。可樂就是可樂，並不是多付一筆錢，你的可樂就比街角遊民的可樂好喝。所有的可樂都一樣，所有的可樂都好喝，這道理伊麗莎白泰勒知道，總統知道，街角的遊民知道，你也知道。

心有所感：_____

_____

_____

_____

創意物

打狗英國領事館 [26]

　　打狗英國領事館（The British Consulate at Takao），是臺灣第一幢洋房，建於西元 1865 年，採巴洛克式建築風格 [27]，主要建材有紅磚、花崗石、三合土、咾咕石、木材樑架等。砌工平整，**成功結合西方設計與東方巧藝**。

　　該館座落在西子灣山上，東面可俯瞰高雄港全景，西面可欣賞大船出港，南面可遠眺旗津燈塔。

　　由於美景天成，目前已成為高雄新地標、熱門的觀光景點。

　　然而，大概沒有人會想到，如此勝地，以前竟然被稱作「破厝」、「鬼屋」。

　　原來，30 年前（1977），賽洛瑪颱風侵台，該館受到重創，上層成了斷垣殘壁、破落不堪。過了 9 年（1986）才被修復（改名為「高雄史蹟文物館」），次年（1987），才被內政部定為二級古蹟（正名為「前清打狗英國領事館」）。

　　而真正讓該館起死回生的，是高雄市政府文化局於 2003 年推動的「古蹟委外經營管理計劃」。

---

26. 參見：http://www.khhuk.org.tw/index.php（打狗英國領事館）
http://www.libertytimes.com.tw/2007/new/apr/12/today-art6.htm（自由時報電子報，〈小心再小心〉）
27. 「巴洛克」（Baroque）原指形狀大而不勻稱的蚌珠，有「不合邏輯」、「離經叛道」的意思，是雜亂、奇異、不守規則的代名詞。「巴洛克時期」，則指西元 1600 年到 1750 年間的歐洲藝術，以大膽創作、追求自由奔放，表達世情俗趣著稱，對城市廣場、園林藝術，以及文學藝術都發生重大影響。

　　2004 年，高雄漢王洲際飯店團隊參與管理計畫，取得該館整修營運權。透過「以舊修舊、修舊如舊」的古蹟修護工法，終於成功讓她活化，風華再現。並於同年 9 月，以「二級古蹟打狗英國領事館」名稱，正式開幕營業。一處人文薈萃、貼合現代文化意涵與休閒娛樂需求的「古蹟新殿堂」，就此誕生。

　　如今，遊客得以沉浸在歷史文化、藝術表演、美術戲劇的氣氛中，享受美食與藝文饗宴。

　　在館中也有設置餐廳，由「古典玫瑰園」餐廳進駐，古典玫瑰園主打英式下午茶為名，在館中規劃了【領事庭園區】、【官邸下午茶大廳】、【官邸下午茶大廳-海景長廊】區域，搭配古典玫瑰園「改良式」的英式下午茶，如：威廉王子下午茶，由傳統英式三層架點心一套，再搭配精選的午茶，在英式建築中品嚐英式風味的餐點。

　　除此之外，該館還具有頗多可看之處。如：

　　兩側的拱型迴廊（外形接續對稱，呈現流暢的節奏感，具有避陽擋雨、冬暖夏涼的功用）、精良磚功砌出的空花洞欄杆（有三小孔、五大孔，下方基石呈 45 度斜角，有利排水）、竹節狀落水管（從屋頂沿牆而下，這是清末洋樓特色）、南向主入口處的七階石階（以白石花崗石構成，有強調入的作用）……。

我的聯想：＿＿＿＿＿＿＿＿＿＿＿＿＿＿＿＿＿＿＿＿＿

＿＿＿＿＿＿＿＿＿＿＿＿＿＿＿＿＿＿＿＿＿＿＿＿＿＿＿

＿＿＿＿＿＿＿＿＿＿＿＿＿＿＿＿＿＿＿＿＿＿＿＿＿＿＿

＿＿＿＿＿＿＿＿＿＿＿＿＿＿＿＿＿＿＿＿＿＿＿＿＿＿＿

＿＿＿＿＿＿＿＿＿＿＿＿＿＿＿＿＿＿＿＿＿＿＿＿＿＿＿

家庭作業 ▷ （作擇一題，答之於後）

1. 請任擇一位本單元曾提及的名人（如孟德斯鳩、馬克吐溫、劉禹錫），或專有名詞（如 3M、哈姆雷特、崑曲），尋找相關資料及趣聞軼事，然後有創意的表達。

2. 閱讀〈有點黏又不會太黏——黏膠〉(《蘇老師化學黑白講》，臺北：天下，2004/8)，頁 237-245。然後摘錄至少三則讓你有所感觸的句子，並提出再度改良「利貼」(Post-It) 的建議。

3. 假設我們要拍攝「親愛的，我把孩子縮小了」系列電影的第 4 部續集，請為之取個片名，並編寫劇情大綱。

4. 請建議跟本單元主題相關的文章、網頁或視聽資訊，並說明出處及相關處。

我所選擇的作業及解答：＿＿＿＿＿＿＿＿＿＿＿＿＿＿＿＿＿

＿＿＿＿＿＿＿＿＿＿＿＿＿＿＿＿＿＿＿＿＿＿＿＿＿＿＿＿＿＿＿

＿＿＿＿＿＿＿＿＿＿＿＿＿＿＿＿＿＿＿＿＿＿＿＿＿＿＿＿＿＿＿

＿＿＿＿＿＿＿＿＿＿＿＿＿＿＿＿＿＿＿＿＿＿＿＿＿＿＿＿＿＿＿

＿＿＿＿＿＿＿＿＿＿＿＿＿＿＿＿＿＿＿＿＿＿＿＿＿＿＿＿＿＿＿

＿＿＿＿＿＿＿＿＿＿＿＿＿＿＿＿＿＿＿＿＿＿＿＿＿＿＿＿＿＿＿

延伸閱讀及推薦網頁、影片

1. Steve Cone，吳鴻譯，《來偷這些點子吧》（臺北：遠流，2007/2）作者以 30 年的行銷經驗，提供上百則有關行銷、品牌及廣告的珍貴案例，不落俗套，有趣、緊湊。

2. 佐藤真介（著），陳美瑛（譯），《一定做得到的絕妙發想術》（臺北：商周，2010）。作者指出缺乏創意不是沒有能力，而是沒有找到對的方法。提供「掌握八項觀點」、「時間、目標、金錢、語言等關鍵字找尋」、「把成功實例的創意轉化為法則及資料庫」提升發想力的三大步驟。

3. 「http://tv.ettoday.com/ettv_tv/goodidea/」（東森綜合台「生活智慧王」）。「生活智慧王」節目官方網站，可找到已經在電視頻道播過的「智慧影片」，如利樂包大變身、輕鬆提易開罐、牛仔褲大變身、襪子收納法、衣架五大招、破傘擋陽法……。輕鬆有趣又實用，可擇優當做補充教材。

4. 影片《親愛的，我把孩子縮小了》（Honey, I Shrunk the Kids）。本片於 1989 年推出，由 Joe Johnston 執導（「侏儸紀公園 3」導演），Rick Moranis（飾韋恩博士）、Marcia Strassman（飾太太 Diane）、Amy O'Neill（飾小孩 Amy）、Robert Oliveri（飾小孩 Nick）等人擔綱演出。描述怪裡怪氣的韋恩博士發明了一架「電子磁力縮小機」，能將任何物體縮小和還原。當機器仍在實驗階段時，發生意外將兩個小孩 Amy 和 Nick、以及鄰居家兩兄弟 Russ 與 Ron 都縮成只有 1/4 吋的「小人」，後院草坪頓時成了浩瀚密林，微不足道的小蟲都是恐怖野獸。一場尋找失蹤兒童的過程就此展開，而四個「小人」卻展開驚險刺激的「叢林歷險」。可當作「改變大／小」的補充教材。

06
CHAPTER

媒合聯結

學習目標

一、了解媒合聯結的涵義

二、了解媒合聯結的運用策略

三、了解超強記憶術的訣竅

名人語錄（請發揮想像力，填入適當語句）

1. 歷史只不過是＿＿＿＿＿＿和＿＿＿＿＿＿的媒合聯結，間雜以一大堆不必要的數字和專有名詞。

   —托爾斯泰（Leo Tolstoy，1828-1910，俄國作家）

2. 如果 A 代表成功，則 A=X+Y+Z。X 代表＿＿＿＿＿＿，Y 代表＿＿＿＿＿＿，Z 代表＿＿＿＿＿＿。

   —愛因斯坦（Albert Einstein，1879-1955，猶太裔美國科學家）

3. 有些畫家把太陽變成黃色，有些畫家則把＿＿＿＿＿＿變成＿＿＿＿＿＿。

   —畢卡索（Pablo Ruiz Picass，1881-1973，西班牙畫家）

我的有關「媒合聯結」的名言（自創或引用）：

＿＿＿＿＿＿＿＿＿＿＿＿＿＿＿＿＿＿＿＿＿＿＿＿＿＿＿＿＿＿＿＿

＿＿＿＿＿＿＿＿＿＿＿＿＿＿＿＿＿＿＿＿＿＿＿＿＿＿＿＿＿＿＿＿

　　如圖，有兩條質料、長短、粗細、燃燒速度都不同的繩子。任一條從一頭燒到另一頭，各都剛好需要 1 小時。

　　請問，如何僅利用這兩條繩子測量出 45 分鐘？

　　提示：除了打火機，不得使用其他任何工具。

A ────────────────────────

B 〰〰〰〰〰〰〰〰〰〰〰〰〰〰〰〰〰

我的解答：_____

_____

_____

_____

　　請準備三張等大紙張（最好由老師發給每位同學一張紙，再請同學裁成三等份，以求規格統一），分別寫下：

1. 自己的名字（中文為主。如，「蔣瑛雯」）

2. 最有吸引力的地方（真實或虛構。如，「小叮噹的口袋」）

3. 最勁爆的一件事（真實或虛構。如，「被 2 顆子彈打中鮪魚肚」）

　　然後依序投入老師放在講台前的紙袋內（為避免誤投，請先於紙袋上標示「名字」、「地點」、「事情」字樣）。

　　最後，請在老師示範及引導下，逐一上台，從每個紙袋內隨機抽出一張紙。並以「……在（或到）……（做）……」或任何創造性整合的方式，大聲唸出。（如，「魏豹淡『在』時光機器裡連打三天三夜的麻將」

　　被念到名字的同學，請舉手示意。唸完後，將三張紙條交給該同學，然後抄錄（或黏貼）於下。

6-1　前　言

發明大王愛迪生（Thomas Alva Edison,1847-1931）成名後，每天都有絡繹不絕的訪客。但，每個拜訪過他的人都有個大疑問，那就是他家的大門非常重，必須使盡全身力量才能推得開。終於，有人忍不住向他抱怨：「你應該有辦法讓你家的大門開起來不那麼費力才對啊！你總不會是故意設計的吧？！」

愛迪生聽完後，哈哈大笑：「我的確是故意設計的，但卻是非常合情合理，因為我把大門和打水裝置互相『媒合聯結』。所以，每個到訪的人，每次推開大門，都可以替我往水塔裡加進 20 升的水。」

2001 年 11 月，夏普公司（Sharp Corporation）使用 CMOS 影像感光模組，開發出全世界第一支照相手機 J-SH04。

2002 年，輔英科技大學（醫護）、高雄第一科技大學（科技／管理）、正修科技大學（工程／資訊）、高雄餐旅學院（餐旅）以及文藻外語學院（語文）等五所性質分屬不同領域的高雄地區學校，有鑑於通識教育在單一校院發展上的不足，期望能透過聯盟方式，「創造性整合」師資與教學資源，達成相互扶持、共同成長的目標。因而「媒合聯結」，成立了「高雄地區五校通識教育聯盟」。

2002 年，泛亞電信、Panasonic 與遠東航空公司三家業者，在業務上互相「媒合聯結」，首開電信、航空、手機業者聯合促銷先例。並以「搭遠航，送 Panasonic GD75，再搭泛亞門號禮！」、「泛亞家族搭乘遠航二度蜜月」、「搭遠航填問卷，再抽手機、預付卡！」等口號宣傳。

以上，都是因為善用「媒合聯結」而成功的例子。

優質的「媒合聯結」，可以截長補短、再創「生」機。

問題與討論 ❶

以下為各地方特殊節慶，請「連連看」：

南投
新竹
鶯歌
台東
墾丁
東港
官田
花蓮
三義
金山

陶瓷嘉年華
黑鮪魚季
木雕節
米粉貢丸節
菱角節
風鈴季
牛奶節
甘藷節
溫泉季
旗魚季

6-2　媒合聯結的涵義

所謂「媒合聯結」，就是把多種素材「創造性地整合」在一起，藉以產生新東西。各行各業，都少不了使用「媒合聯結」。如：

藝術家，「媒合聯結」不同的顏色、線條、材料，創造藝術品。

建築師，「媒合聯結」不同的建材、工法，建造建築物。

廚師，「媒合聯結」不同的食材、調味料，烹調美食。

學生，「媒合聯結」不同的知識、觀念，產生智慧。

「三合一即溶咖啡」，是由咖啡、糖粉和奶精粉「媒合聯結」而成。

「聯名卡」，是由各家業者與銀行的相關業務「媒合聯結」而成。

馬友友（1955-　）「媒合聯結」古典樂和爵士樂，用大提琴演奏帕格尼尼（Nicolo Paganini, 1789-1840）的小提琴樂曲。

五月天的歌曲〈知足〉，「媒合聯結」莫札特的〈小星星〉，當成間奏。

周杰倫「媒合聯結」費玉清，對唱〈千里之外〉。

蔡康永「媒合聯結」徐熙娣（小 S），主持中天綜合台的「康熙來了」。

韓國三星電子（Samsung, SEC），「媒合聯結」自家商品與偶像明星簽名，推出全智賢及李孝利兩人的簽名手機電池。

劍湖山世界「媒合聯結」飯店、主題樂園、農場等旗下觀光資源，推出套裝旅遊行程，提供 1 至 3 天不同的玩法。

7-11 icash 卡「媒合聯結」華納威秀，推出結合會員卡概念的「華納威秀電影套卡」。

　　1998 年，裕隆汽車「媒合聯結」日商日產汽車，在中國合資設立「風神汽車」。

　　2005 年 12 月 3 日，臺灣「媒合聯結」出「三合一選舉」，一次完成縣市長、縣市議員及鄉鎮市長的投票，減少選務成本約 8-10 億。

　　麥克阿瑟（Douglas MacArthur，1880-1964）在 2 次世界大戰期間，經常利用「媒合聯結」，和假想中的英雄父親共商戰略。

　　某位商人「媒合聯結」回教徒日常祈禱用的毯子和永遠指向麥加的指南針，讓回教徒不管走到哪裡，都可以朝向聖地祈禱。

創意發想
CREATIVE MOTIVATION

 問題與討論 ②

　　請任選一組字，加以「媒合聯結」，使看似毫無關聯的各字，變得有關聯：[1]

1. 耳、口、各、才、日。

2. 瓜、火、良、骨、星、王。

3. 語、切、染、分、冥、率。

4. 上、陳、犲、鰭、祐、釘、卞、病、終、栗、廈、背、佐、乞、愁、獻。

我選的是：＿＿＿＿＿＿＿＿＿＿

他們的關聯是：＿＿＿＿＿＿＿＿＿＿＿＿＿＿＿＿＿＿＿＿＿＿＿

＿＿＿＿＿＿＿＿＿＿＿＿＿＿＿＿＿＿＿＿＿＿＿＿＿＿＿＿＿＿＿＿

＿＿＿＿＿＿＿＿＿＿＿＿＿＿＿＿＿＿＿＿＿＿＿＿＿＿＿＿＿＿＿＿

＿＿＿＿＿＿＿＿＿＿＿＿＿＿＿＿＿＿＿＿＿＿＿＿＿＿＿＿＿＿＿＿

＿＿＿＿＿＿＿＿＿＿＿＿＿＿＿＿＿＿＿＿＿＿＿＿＿＿＿＿＿＿＿＿

---

1. 取材自《有趣の中國字》（臺北：名人，1980/4）

6-3　媒合聯結的運用策略

一、尋找材料

包括「同類」及「異類」。

「同類」，就是在形狀、質料、功能、性質……等特徵上，相同或類似的東西。如，「氣球1」和「氣球2」相同，「厚紙板」和「紙袋」、「百事可樂」和「可口可樂」類似……。

樂高（Lego）積木，以類似的積木塊為材料。

珍珠奶茶（Bubble tea），以同屬飲食類的「粉圓」和「奶茶」為材料。

國畫大師張大千（1899-1983）的潑墨山水，以同屬技法類的「西方抽象主義」和「中國傳統水墨畫」為材料。

藏族的史詩英雄格薩爾王，以同屬藏族原始宗教裡厲神的「神」、「龍」、「念」為材料。

「異類」，就是在形狀、質料、功能、性質……等特徵上，不同類的東西。如，「狗」和「人」不同類、「手錶」和「行星」不同類、「鉛筆」和「奶粉」不同類、「電子業」和「化妝品」不同類……。

古希臘時代的「犬儒主義」（Cynicism）學派，以分屬不同物種的「狗」及「人」為材料。

蜘蛛人（Spider Man），以分屬不同物種的「蜘蛛」及「人」為材料。

蝙蝠俠（Batman），以分屬不同物種的「蝙蝠」及「人」為材料。

海夫納的Playboy，以分屬不同性質的「美女」及「雜誌」為材料。

馬桶餐廳，以分屬不同性質的「馬桶」及「餐廳」為材料。

夏普的照相手機，以分屬不同功能的「手機」及「照相機」為材料。

錄音筆，以分屬不同功能的「筆」及「錄音機」為材料。

問題與討論 ❸

　　瑞士刀（Victorinox）應用「媒合聯結」而成，最早只有螺絲起子和開罐器這兩種工具，後來陸續加上原子筆、牙籤、剪刀、平口刀、鑷子……等。請再「媒合聯結」上其它東西，使它成為功能更強大的多用途小刀。

答：＿＿＿＿＿＿＿＿＿＿＿＿＿＿＿＿＿＿＿＿＿＿＿＿＿＿＿

　　＿＿＿＿＿＿＿＿＿＿＿＿＿＿＿＿＿＿＿＿＿＿＿＿＿＿＿

　　＿＿＿＿＿＿＿＿＿＿＿＿＿＿＿＿＿＿＿＿＿＿＿＿＿＿＿

　　＿＿＿＿＿＿＿＿＿＿＿＿＿＿＿＿＿＿＿＿＿＿＿＿＿＿＿

　　＿＿＿＿＿＿＿＿＿＿＿＿＿＿＿＿＿＿＿＿＿＿＿＿＿＿＿

二、創造性整合

據說，英國伊麗莎白女王一世（Elizabeth I，1533-1603）時代，某大學舉辦了一次徵文比賽，規定內容必需涉及宗教、皇室、性與神秘。

獲得首獎的文章只有短短幾個字：

我的天啊！女王懷孕了，誰幹的？

這就是「創造性整合」，可以讓組合在一起的東西產生「化學作用」，化腐朽為神奇。

少了「創造性整合」，再好的「食材」，也只會被料理成「大雜燴」。

1953 年秋，27 歲的海夫納（Hugh Hefner，1926-　）向親友借了 8,000 美元，花 500 美元買下瑪麗蓮夢露（Marilyn Monroe，1926-1962）半裸照的版權，加以「創造性整合」，於同年 12 月發行《花花公子》（Playboy）雜誌。沒想到創刊號竟然賣出了 5 萬多冊（每冊 50 美分），就此開創了他的事業王國。

日本普拉斯文具公司，以尺、美工刀、膠水、膠帶、剪刀、捲尺、釘書機等七種文具為材料，縮小尺寸後加以「創造性整合」，於 1984 年 10 月推出「迷你文具組」（長 12 公分、寬 8.5 公分、高 3.5 公分，像個大型菸盒）。

某清潔用品公司想要開發新產品，要求每位員工提供意見。有人建議「肥皂」媒合「痱子粉」，有人則主張「洗髮精」增加「潔身」功能。經過「創造性整合」後，開發出了新產品——「沐浴精」。

韓國某產商以「美女」及「滑鼠墊」為材料，「創造性整合」出「美女滑鼠墊」（Racing Girl），大受男性使用者歡迎。

星巴克（Starbucks Coffee）跟醉爾斯冰淇淋（Dreyers Grand Ice Cream）合作，「創造性整合」出星巴克咖啡冰淇淋。

問題與討論 4

　　請以「果醬」及「拖鞋」為材料，「創造性整合」出新產品。（圖文並茂最討喜）。

答：＿＿＿＿＿＿＿＿＿＿＿＿＿＿＿＿＿＿＿＿＿＿＿＿＿＿＿

＿＿＿＿＿＿＿＿＿＿＿＿＿＿＿＿＿＿＿＿＿＿＿＿＿＿＿＿＿＿＿

＿＿＿＿＿＿＿＿＿＿＿＿＿＿＿＿＿＿＿＿＿＿＿＿＿＿＿＿＿＿＿

＿＿＿＿＿＿＿＿＿＿＿＿＿＿＿＿＿＿＿＿＿＿＿＿＿＿＿＿＿＿＿

＿＿＿＿＿＿＿＿＿＿＿＿＿＿＿＿＿＿＿＿＿＿＿＿＿＿＿＿＿＿＿

6-4 超強記憶術

據說，某位演講家曾當眾示範出神入化的記憶力。

演講前，他在會場門口，和大約 200 位聽眾一一握手致意，並請教他們的姓名、地址和職業。

開始演講後不久，他走下講台，到每一位聽眾面前，一一說出他們的姓名、地址和職業，結果一個不差。聽眾報以如雷掌聲。

演講結束前，他再如法泡製一次，結果還是正確無誤。

贏得滿堂喝采。

他是如何辦到的呢？

藏族地區的口傳文學《格薩爾王傳》[2]，共 120 多部、100 多萬詩行，2,000 多萬字，是全世界最長的史詩。說唱《格薩爾王傳》的民間藝人[3]，大多是目不識丁的文盲，但卻能夠非常流暢、而又一字不漏的傳誦那些詩句。

他們又是如何辦到的呢？

---

2. 《格薩爾王傳》是藏族集體創作的英雄史詩，大約完成於西元前 2、3 百年至西元 6 世紀之間，結合藏族神話、傳說、民間故事、民歌和諺語而成。內容講述遠古時代，黎民百姓遭受天災人禍及妖魔鬼怪荼毒，大慈大悲的觀世音菩薩，向阿彌陀佛請求派員下凡普渡眾生。天神之子推巴噶瓦發願前往救民倒懸，因而降生為格薩爾王。5 歲時，格薩爾王與母親移居黃河畔。12 歲時，在部落賽馬大會上得勝，獲得王位。從此，開始施展天威，降妖伏魔、抑強扶弱、造福百姓。直到人間淨化、功德圓滿，才與母親及王妃等一同返回天界。

3. 至今仍有上百位民間藝人，在西藏、內蒙古、青海等地區，傳唱著英雄格薩爾王的豐功偉績。

你有辦法在短時間內，依序記住以下 10 組金庫號碼嗎？

「左 1、右 5、左 8、右 4、右 2、右 9、左 6、左 3、右 7」

面對如此毫無條理的方位及數字，死背硬記，只會徒增頭腦負擔與心情苦悶，而且效果不彰、不久即忘。

如果能善加利用「媒合聯結」，則將可達到超強效果，不僅快速，而且歷久彌新。

方法很簡單，就是以圖像連結的方式，設法讓彼此間發生關連。

先以「顏色」識別左右。如，左「黑」、右「白」。

再以「圖像」區判數字。如，取其形似，如下：

1「鉛筆」

2「天鵝」

3「耳朵」

4「帆船」

5「鐵秤」

6「高爾夫球桿」

7「拐杖」

8「太陽眼鏡」

9「氣球」

10「10 元硬幣」

進而，在腦海中進行如下的「媒合聯結」（愈誇張愈好）：

黑色鉛筆（左 1）尖端吊著白色鐵秤（右 5）

鐵秤鉤著黑色太陽眼鏡（左 8）

太陽眼鏡上有白色帆船標籤（右 4）

帆船旁邊圍繞著白天鵝（右 2）

天鵝嘴裡咬著白氣球（右 9）

氣球裡面有一支黑色高爾夫球桿（左 6）

高爾夫球桿頭上黏著一片黑耳朵（左 3）

耳朵上吊著一只拐杖形狀的白耳環（右 7）

善用「媒合聯結」，記憶 36 計也易如反掌，甚至可以倒背如流：

第一套　　勝戰計

第 01 計　　瞞天過海（「海」「天」交接處，有一支鉛筆插在「饅（瞞）」頭上）

第 02 計　　圍魏救趙（天鵝肚子「圍」著條毛巾，嘴裡咬著一台「照（趙）」相機）

第 03 計　　借刀殺人（耳朵上戴著「刀」狀耳環，割到喉嚨）

第 04 計　　以逸待勞（帆船上有一把「椅（逸）」子，上面放著一只「勞」力士表）

第 05 計　　趁火打劫（鐵秤鉤吊著一捆打「結」的「火」）

第 06 計　　聲東擊西（高爾夫球桿往「東」揮動嗖一「聲」，「擊」向「西」邊的球）

第二套　敵戰計

第 07 計　　無中生有（拐杖「中」空部份藏著「油（有）」）

第 08 計　　暗渡陳倉（一只「黑（暗）」色太陽眼鏡，放在「陳」舊的「倉」庫裡）

第 09 計　　隔岸觀火（氣球飄高，「觀」看著「隔岸」大「火」）

第 10 計　　笑裡藏刀（10 元硬幣上的孫中山肖像，微「笑」的嘴裡「藏」著「刀」）

第 11 計　　李代桃僵（一雙筷子，一支插著「李」子，另一支插著「桃」子）

第 12 計　　順手牽羊（天鵝啣著一條蚯蚓，腳掌抓著一隻「羊」）

　請發揮想像力，完成剩下的各計：

第三套　攻戰計

第 13 計　打草驚蛇（　　　　　　　　　　　　　　　　　　　　　　　）

第 14 計　借屍還魂（　　　　　　　　　　　　　　　　　　　　　　　）

第 15 計　調虎離山（　　　　　　　　　　　　　　　　　　　　　　　）

第 16 計　欲擒故縱（　　　　　　　　　　　　　　　　　　　　　　　）

第 17 計　拋磚引玉（　　　　　　　　　　　　　　　　　　　　　　　）

第 18 計　擒賊擒王（　　　　　　　　　　　　　　　　　　　　　　　）

第四套　混戰計

第 19 計　釜底抽薪（ 　　　　　　　　　　　　　　　　　　　）

第 20 計　混水摸魚（ 　　　　　　　　　　　　　　　　　　　）

第 21 計　金蟬脫殼（ 　　　　　　　　　　　　　　　　　　　）

第 22 計　關門捉賊（ 　　　　　　　　　　　　　　　　　　　）

第 23 計　遠交近攻（ 　　　　　　　　　　　　　　　　　　　）

第 24 計　假道伐虢（ 　　　　　　　　　　　　　　　　　　　）

第五套　並戰計

第 25 計　偷樑換柱（ 　　　　　　　　　　　　　　　　　　　）

第 26 計　指桑罵槐（ 　　　　　　　　　　　　　　　　　　　）

第 27 計　假癡不顛（ 　　　　　　　　　　　　　　　　　　　）

第 28 計　上屋抽梯（ 　　　　　　　　　　　　　　　　　　　）

第 29 計　樹上開花（ 　　　　　　　　　　　　　　　　　　　）

第 30 計　反客為主（ 　　　　　　　　　　　　　　　　　　　）

第六套　敗戰計

第 31 計　美人計（ 　　　　　　　　　　　　　　　　　　　）

第 32 計　空城計（ 　　　　　　　　　　　　　　　　　　　）

第 33 計　反間計（ 　　　　　　　　　　　　　　　　　　　）

第 34 計　苦肉計（ 　　　　　　　　　　　　　　　　　　　）

第 35 計　連環計（ 　　　　　　　　　　　　　　　　　　　）

第 36 計　走為上（ 　　　　　　　　　　　　　　　　　　　）

　　請利用「媒合聯結」，依序記住 12 星座：

牡羊座（Aries）：3/21－4/20_____

金牛座（Taurus）：4/21－5/21_____

雙子座（Gemini）：5/22－6/21_____

巨蟹座（Cancer）：6/22－7/22_____

獅子座（Leo）：7/23－8/23_____

處女座（Virgo）：8/24－9/22_____

天秤座（Libra）：9/23－10/23_____

天蠍座（Scorpio）：10/24－11/22_____

射手座（Sagiters）：11/23－12/21_____

魔羯座（Capricornus）：12/22－1/20_____

水瓶座（Aquarius）：1/21－2/18_____

雙魚座（Pisces）：2/19－3/20_____

會心
一笑

名醫傅愁濟的安可

富商王紫的胃病相當嚴重，已經到了無法進食的地步。不得已只好請名醫傅愁濟為他動手術。

手術完後，傅愁濟前來巡房時殷勤地問：「你覺得怎麼樣？」

王紫大感不解地說：「肚子沒問題，可是喉嚨卻很痛，怎麼會這樣？」

傅愁濟露出得意的笑容：「說來話長，當我為你動手術時，碰巧全省各大醫學院的高材生前來觀摩，你知道這項手術十分麻煩，但是我卻很仔細地完成，手都沒發抖，當我做好縫合手術時，全場歡聲雷動，大家都叫『安可』！所以，我只好再將你的扁桃腺也割了！」

長智慧：

(1) 如果沒有觀眾，誰還會勇敢呢？

－馬克吐溫（Mark Twain，1835-1910，美國作家）

(2) 叫好聲愈大，完成的蠢事愈多。

(3) 我的智慧：＿＿＿＿＿＿＿＿＿＿＿＿＿＿＿＿＿＿＿＿

芭比之母露絲

我創造芭比娃娃的理想就是：「藉由她，讓所有女孩子都意識到，她們能夠成為自己夢想成為的人。」很高興，我達成了我的理想。

—露絲（Ruth Handler，1916－2002）

露絲小時候家境清寒，一家 12 口全靠父親擔任鐵匠的微薄收入支撐。雖然如此，家庭氣氛卻溫馨融洽，甚受父母寵愛。也就因為在此愛的環境中成長，因而一直保有童稚般的好奇心。

19 歲時（1935），露絲隻身前往好萊塢學習工業設計。並在派拉蒙（Paramount）片場找到一份工作。而且，在那裡遇到了漢德勒（Elliott Handler）。兩人很快就因相愛而結婚。

1945 年，漢德勒夫婦和朋友曼特森（Harold Matson）合開一家生產玩偶家具的公司——「美泰」（Mattel Inc.）[4]。

這時，露絲已生了一個女兒。同時具有母親和玩具商的身分，她十分重視孩子的感受和想法。

某天，她碰巧看見女兒芭芭拉（Barbara，暱稱 Barbie），正和一個小男孩玩剪紙娃娃。那些娃娃個個年少模樣，有各自的職業和身份，這讓女兒非常著迷。

「為什麼不做一款成熟一點的玩具娃娃呢？」露絲突然「靈光乍現」。

當時，美國市場上的小女孩玩具，大都是可愛的小天使造型，圓滾滾、胖呼呼。但，這是大人們對小孩子玩具的想像；從大孩子們的角度看，這種玩具略顯「幼稚」，不合胃口。

「到底要把這款娃娃做成什麼樣子呢？」露絲苦苦思索。

這時，她正好去歐洲出差。

---

4. 「mat」來自「matson」，「el」來自「elliott」。

在德國，她看到一款名叫「麗莉」的娃娃。高約 18-30 公分，長相漂亮、比例完美，各種體型應有盡有，而且穿著華麗。

露絲買了 3 個麗莉，帶回美國。

露絲告訴兩位男性合夥人，想仿照麗莉這個範本，設計一款「成熟點」的玩具。但他倆認為麗莉衣著太過暴露，是滿足男人性幻想的產物，不適合孩子們玩。

露絲並沒有氣餒。心想：「為什麼不能截長補短，將這兩點『創造性整合』起來呢？孩子們需要的是一種成熟，但不暴露的娃娃。」

不久後，露絲終於設計出「芭比娃娃」，並於 1958 年獲得專利權。

1959 年，第一批「芭比娃娃」首次在美國玩具博覽會（American International Toy Fair）上亮相，以「芭比——少女的榜樣」參展。但，並未造成轟動，反而遭到經銷商冷凍。

1960 年，經銷商們卻完全改變想法，訂單像雪片般飛到美泰公司。

後來，露絲又設計出多款「芭比娃娃」，使她擁有更多職業，如醫生、太空人、企業家、警官、運動員，甚至聯合國兒童基金會志願者。截至目前，已經超過 80 多種職業。

露絲當初的靈光乍現，賦予了「芭比娃娃」永久的生命，也因此被譽為「芭比之母」。

現在，「芭比娃娃」暢銷全球 150 幾個國家，總銷量超過 10 億個，是 20 世紀最廣為人知及最暢銷的玩具[5]。

---

5. 參見：http://barbie.everythinggirl.com/（官方網站 Barbie.com）
   http://info.toys.hc360.com/2006/11/27082141266.shtml（露絲‧漢德勒締造的芭比娃娃王國）

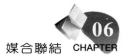

心有所感：_____

_____

_____

_____

_____

創意物

樂高積木玩具[6]

「樂高」（LEGO），是丹麥一家玩具公司，也是「積木玩具」的代名詞。由克理斯金森（Ole Kirk Christiansen，1891-1958）所創立。

克理斯金森原本是專門製造木頭玩具的木匠。1934 年，他結合「ÒLEg GOdtÓ」這兩個丹麥字（「用心玩」、「玩得快樂」的意思），以「LEGO」（樂高）作為自己木頭玩具的商標。

1947 年，樂高（LEGO）開始生產包括「自動黏合磚」在內的塑膠積木。1949 年，則開始生產能緊密扣在一起的組裝積木（Automatic Binding Bricks）。

1958 年，推出「魔術塑膠插件積木」。這種積木，一頭有凸粒，另一頭有可崁入凸粒的孔。約有 1,300 多種形狀，每種形狀都有 12 種不同顏色，可拼插出千變萬化的造形。

1999 年，推出「星球大戰系列」，發現包含濃厚故事性的系列積木玩具有更大商機。於是在 2000 年，再度推出「Robo Riders 系列」。2001 年所推出的「生化戰士系列」則獲得相當大的成功（尤其在外國）。

後續推出的，有「太空城堡」、「得寶動物園」、「科技汽車」、「特殊部隊」……等。

和其他積木玩具不同的是，樂高積木擁有廣大成年玩家。

---

6. 參見：
朱雅麗、何雋編輯，《改變世界的 100 項發明與發現》（臺北：明天，2006/8），頁 142。
http://www.geocities.com/legoasia/history.htm（樂高的歷史）
http://st.kjes.tp.edu.tw/95stu/603/60312/web/a01_2.html（樂高歷史年表）

　　據統計，截至西元 1996 年，樂高積木已經生產出高達 1,800 億個元件，全球則大約有 3 億個人曾玩過。總計花費的時間長達 50 億小時。

　　「樂高多創意，件件考心思」，是樂高早年的宣傳口號，樂高公司與樂高迷也都不斷在體現這句話的意思。不管小孩、大人，只要手上有樂高積木，稍花心思，便可以發揮創意，讓它們變換出各種不同風貌。

我的聯想：＿＿＿＿＿＿＿＿＿＿＿＿＿＿＿＿＿＿＿＿＿＿＿

＿＿＿＿＿＿＿＿＿＿＿＿＿＿＿＿＿＿＿＿＿＿＿＿＿＿＿＿＿

＿＿＿＿＿＿＿＿＿＿＿＿＿＿＿＿＿＿＿＿＿＿＿＿＿＿＿＿＿

＿＿＿＿＿＿＿＿＿＿＿＿＿＿＿＿＿＿＿＿＿＿＿＿＿＿＿＿＿

＿＿＿＿＿＿＿＿＿＿＿＿＿＿＿＿＿＿＿＿＿＿＿＿＿＿＿＿＿

家庭作業 （作擇一題，答之於後）

1. 請任擇一位本單元曾提及的名人（如托爾斯泰、畢卡索、張大千）、或專有名詞（如通識教育、SEC、犬儒主義），尋找相關資料及趣聞軼事，然後有創意的表達。

2. 閱讀孫大偉，〈誰說木瓜只能配牛奶？！〉（《H3創意人》 〈推薦文2〉，頁10-16）。然後摘錄至少三則讓你有所感觸的句子，並以「皮蛋豆腐」為例，列舉「皮蛋」和「豆腐」各自和其它食材「媒合聯結」的可能（多多益善，每樣至少10項）。

3. 台灣之光王建民，目前是美國職棒紐約洋基隊（New York Yankees）的主力投手。美國職棒有「美聯」（American League，AL）及「國聯」（National League，NL）兩大聯盟，這是一種「媒合聯結」的應用。請說明它們的發展過程及現況。

4. 請建議跟本單元主題相關的文章、網頁或視聽資訊，並說明其出處及相關處。

我所選擇的作業及解答：＿＿＿＿＿＿＿＿＿＿＿＿＿＿＿＿＿＿

＿＿＿＿＿＿＿＿＿＿＿＿＿＿＿＿＿＿＿＿＿＿＿＿＿＿＿＿＿＿

＿＿＿＿＿＿＿＿＿＿＿＿＿＿＿＿＿＿＿＿＿＿＿＿＿＿＿＿＿＿

＿＿＿＿＿＿＿＿＿＿＿＿＿＿＿＿＿＿＿＿＿＿＿＿＿＿＿＿＿＿

＿＿＿＿＿＿＿＿＿＿＿＿＿＿＿＿＿＿＿＿＿＿＿＿＿＿＿＿＿＿

＿＿＿＿＿＿＿＿＿＿＿＿＿＿＿＿＿＿＿＿＿＿＿＿＿＿＿＿＿＿

＿＿＿＿＿＿＿＿＿＿＿＿＿＿＿＿＿＿＿＿＿＿＿＿＿＿＿＿＿＿

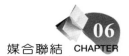

延伸閱讀及推薦網頁、影片

1. 詹宏志，〈圖象記憶訓練法〉（《創意人》，臺北：臉譜，1996/6。頁 105-109）比較語言思考與圖象思考優缺點，指出圖象式思考可以增強記憶力，從畫面中取出記憶。

2. 戴維斯：《這樣學習最有效》（臺北：如何，2001/7）介紹超效學習術，強調調節學習心境（內「場」）和學習環境（外「場」）的重要。第四章以「沙漏理論」介紹完整的學習過程，包括閱讀、聆聽、學習、思考、筆記、記憶和應用，每部分又介紹很多實用技巧，是全書菁華。善用之，當可受用無窮。

3. 影片《桃色風雲搖擺狗》[7]（Wag the Dog），由 Barry Levinson 執導（《雨人》、《早安越南》、《豪情四兄弟》導演），Robert De Niro（飾康洛德）、Dustin Hoffman（飾史丹利）、Anne Heche 等人主演，1997 年發行。描述美國現任總統在大選前十天捲入性醜聞風波，導致選情岌岌可危。為了挽回頹勢，危機處理專家康洛德與好萊塢超級製作史丹利合作，以電影拍攝手法，在媒體上演一場美國與阿爾巴尼亞之間的戰爭。他們「媒合聯結」各種戰爭新聞片段，創造出一位落難英雄（實際上是有精神疾病的士兵），甚至趁機推出愛國歌曲大撈一筆。各電視台隨之起舞，隨時報導「逼真」的新聞片段，全國上下瀰漫著一股濃濃的愛國情操。後來，雖然落難英雄意外死亡，史丹利不願繼續保持低調，讓事情變得有點棘手，但在危機處理專家妥善處理下，一切都還是「天下太平」。

---

7. 相關評論見：

http://bbs.nsysu.edu.tw/txtVersion/treasure/movies/M.888138772.A/M.88855518 2.A/M.926713010.A.html

07 CHAPTER

隱喻類比

學習目標

一、了解隱喻類比的涵義
二、了解隱喻類比的運用策略

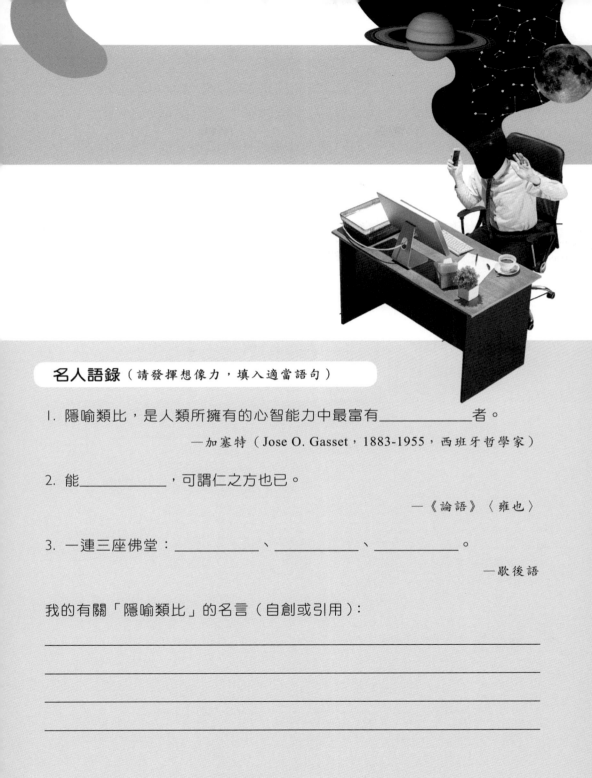

名人語錄（請發揮想像力，填入適當語句）

1. 隱喻類比，是人類所擁有的心智能力中最富有＿＿＿＿＿＿者。

—加塞特（Jose O. Gasset，1883-1955，西班牙哲學家）

2. 能＿＿＿＿＿＿，可謂仁之方也已。

—《論語》〈雍也〉

3. 一連三座佛堂：＿＿＿＿＿、＿＿＿＿＿、＿＿＿＿＿。

—歇後語

我的有關「隱喻類比」的名言（自創或引用）：

＿＿＿＿＿＿＿＿＿＿＿＿＿＿＿＿＿＿＿＿＿＿＿＿＿＿＿＿＿＿＿＿＿

＿＿＿＿＿＿＿＿＿＿＿＿＿＿＿＿＿＿＿＿＿＿＿＿＿＿＿＿＿＿＿＿＿

＿＿＿＿＿＿＿＿＿＿＿＿＿＿＿＿＿＿＿＿＿＿＿＿＿＿＿＿＿＿＿＿＿

＿＿＿＿＿＿＿＿＿＿＿＿＿＿＿＿＿＿＿＿＿＿＿＿＿＿＿＿＿＿＿＿＿

動動.腦

　　如圖,請利用四根一模一樣的冰棒棍,在四個一模一樣的茶杯上,
架一座穩固且通行無礙的橋。請注意:

(一)每根冰棒棍都「必須有而且只能有」一個地方碰觸到杯子,並且
　　　不能和地面有所接觸。

(二)不能使用其他器材。

暖身活動

　　請設計屬於自己的「創意簽名檔」。中英文（或其他語種）皆行，而且最好圖文並茂，請多加嘗試。如：

7-1 前 言

創意像乳溝，只要肯擠，總是有的。

—佚名

話說三國時代，劉備（161-223）以四川為革命基地時，嚴禁百姓私下釀酒，只要家裡被搜出釀酒工具，不論是否私釀，一律判處重刑。

簡雍認為這個法令過於嚴苛，決定找機會勸劉備打消主意。

某天，劉備和簡雍兩人微服出訪，在路上看到一對男女同行。簡雍故作緊張說：「他倆準備通姦，快抓起來判重刑！」

劉備一頭霧水：「你怎麼知道他倆要通姦？」

簡雍：「難道你不曉得他倆身上都帶著通姦工具嗎？這不就好像那些家裡藏有釀酒工具的人一樣嗎？！」

簡雍巧妙運用了「隱喻類比」，成功讓劉備自動取消不合情理的成命。

傅志仁和顏舒姬夫妻倆即將離婚，正在爭吵孩子的撫養權。

顏舒姬理直氣壯地說：「孩子是我辛苦懷胎 10 月才生下來的，所以應該屬於我！」

想不到傅志仁胸有成竹地反問：「妳用過自動販賣機嗎？」

顏舒姬：「有啊，那又怎樣？跟這事有什麼關係？」

傅志仁：「當然有關係，如果我投 10 塊錢進去，掉下一瓶飲料，妳說那瓶飲料應該是我的？還是自動販賣機的？」

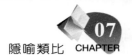

顏舒姬：「…………」

這雖然是大男人主義的沙文心態，卻深得「隱喻類比」的箇中三昧。

優質的「隱喻類比」，常可以讓人從中意會到妙不可言的「深趣」。

甚至因而「開悟」。

釋迦世尊在靈鷲山頂拈花，摩訶迦葉破顏微笑。因為，他領悟到世尊所欲傳達的「正法眼藏，涅槃妙心」。

問題與討論 ①

請以「意有所指」的方式，替以下常用語詞重下「另類」定義[1]。如：

所謂「人」，就是一種動物，主要職業是消滅他的同類。

所謂「美貌」，就是女人吸引情人、嚇死丈夫的東西。

所謂「專家」，就是一個知道全部答案卻提不出任何問題的人。

所謂「成功」，就是得知別人失敗時的快感。

所謂「伴娘」，就是＿＿＿＿＿＿＿＿＿＿＿＿＿＿＿＿＿＿

所謂「社交」，就是＿＿＿＿＿＿＿＿＿＿＿＿＿＿＿＿＿＿

所謂「約會」，就是＿＿＿＿＿＿＿＿＿＿＿＿＿＿＿＿＿＿

所謂「腦死」，就是＿＿＿＿＿＿＿＿＿＿＿＿＿＿＿＿＿＿

所謂「蜜月期」，就是＿＿＿＿＿＿＿＿＿＿＿＿＿＿＿＿

所謂「＿＿＿＿＿＿」，就是＿＿＿＿＿＿＿＿＿＿＿＿＿＿

所謂「＿＿＿＿＿＿」，就是＿＿＿＿＿＿＿＿＿＿＿＿＿＿

---

1. 取材自 Ambrose Bierce，莫雅平譯，《魔鬼辭典》（臺北：林鬱，1992/7）

7-2　隱喻類比

隱喻類比是天才的標誌。

　　—莎士比亞（W. Shakespeare, 1564-1616，英國劇作家）

世界上第一輛汽車，被稱作「無馬四輪馬車」（horseless carriage）。

鐵鎚有「鎚一頭」、馬路有「路一肩」、桌子有「桌一腳」。

蘇格拉底號稱「西方的孔子」、孔子號稱「東方的蘇格拉底」。

英國有句俗諺說：「愛情和咳嗽都是藏不住的。」

很多學者替「中世紀」（Midieval）取名「黑暗時代」，形容它的威權與僵化，是籠罩歐洲長達 1,000 年的漫漫長夜。

某天文學家說：「星雲（Nebula）就像把浴缸排水孔打開時所形成的漩渦。」

面對倒行逆施、搞得民不聊生的政府施政，我們會批評：「苛政猛於虎。」

有人因獲勝而得意忘形，我們會用「得勝的貓兒歡似虎」來「酸」他。

有人模仿不得要領，我們會諷刺他說「畫虎不成反類犬」。

獅子被稱做「萬獸之王」。

看見偶像明星，迷哥迷姐們「一窩蜂」爭相拍照。

…………

在新新人類的「密語」[2]中，

「起床失敗」意指睡過頭。

「蛤蜊不開」意指自閉。

「皮卡丘」意指很會放電。

「打棒球」意指上大號。

「免持聽筒」意指自言自語。

「很 S」意指很拐彎抹角。

「進香」意指抽煙。

「電話」意指欠揍（欠人打）。

「子宮外孕」意指怪胎。

「通心粉」意指沒內在。

「兩隻日光燈」意指做事不牢靠（台語「兩光」）。

「潛水艇」意指沒水準。

「手提箱」意指成績拿丙等。

「哈姆雷特」意指太高深聽不懂。

「815」意指粉擦得很厚的女人（815 是某水泥漆品牌）。

…………

以上都是「隱喻類比」的運用。

---

2. 參見 http://kids.yam.com/young_area/E_words/new_word/（新新人類密語）

所謂「隱喻類比」[3]（metaphor－analogy），就是藉由和已知事物（關係、情節……）之間巧妙性的對照，傳達某種不可（難以或不方便）言明的涵意。它能讓字義式語言無法觸及的重要意念浮現出來。

隱喻類比由「標的物」（tenor）、「對照物」（vehicle）和「相似性」構成。

以伏爾泰（Voltaire，1694-1778，法國哲學家）所講過的一句話為例：

自尊心是個膨脹的氣球，輕輕一針就刺出了大風暴。

「自尊心」是標的物，「膨脹的氣球」是對照物，「輕輕一針刺出大風暴」是相似性。

再如，約在 1933 年問世的衛生棉，女性間有「方塊酥」、「漢堡」、「紅茶包」、「草莓麵包」、「凍豆腐」……等暱稱。

1843 年開始量產的保險套（Condom），則有「小雨衣」……等暱稱。

「衛生棉」、「保險套」是標的物，「方塊酥」、「小雨衣」等是對照物，「相似性」則妙不可言。

---

3. 此處的隱喻類比並不採用修辭學上的嚴格區分。兩者不僅二而一，且涵括明喻。

  問題與討論 ❷

請回答以下歇後語：

胖子觸電：_____

狗咬鴨子：_____

狗掀門帘：_____

猴子學走路：_____

河邊洗黃蓮：_____

趕車不拿鞭子：_____

石板上摔烏龜：_____

孫悟空的毫毛：_____

耕地裡甩鞭子：_____

80 歲婆婆穿襪子：_____

7-3　隱喻類比的運用

運用隱喻類比，應遵循如下三大原則：

1. 掌握標的物特性。

2. 尋找對照物。

3. 揭露相似性。

一、掌握標的物特性

最重要的決定是，如何定位你的產品。

—奧格威（David M. Ogilvy，1911-1999，廣告教父）

「特性」，包括與眾不同的特色、屬性，以及所要（或所能）傳達的訴求（理念）。對商品而言，就是所謂的「獨特賣點」（unique selling proposition，USP）。

面對人生，莎士比亞掌握每個人都有生有死、以及扮演多種身分的特性。[4]

蘇格蘭物理學家馬克斯威爾（James C. Maxwell，1831-1879），掌握光線有如池塘上漣漪傳播的特性。[5]

愛因斯坦掌握無線電報（radiotelegraphy）不需使用線路的特性。[6]

---

4. 「人生是個巨大舞臺，穿梭其間的男男女女不過是台上演員，每個人都有登台演出的時候，也有自舞台隱退的時候，終其一生扮演著各種不同角色。」

5. 「光線就像是波，傳播方式和池塘水面上漣漪的傳播方式類似。不同的是，光線是在絕對靜止不動的『以太』（ether）中傳播，而不是水面。」

6. 「無線電報不難理解，一般的電報就像一隻很長的貓，你在紐約抓牠的尾巴，牠會在洛杉磯叫。無線電報也一樣，只是沒有那隻貓。」

Adidas，以「Impossible is nothing」為訴求。

BMW，以「終極駕駛機器」（The Ultimate Driving Machine）為訴求。

DTC 鑽石以「鑽石恆久遠，一顆永留傳」為訴求。

FedEx，以「隔日絕對安全送達」為訴求。

Lexus，以「專注完美，近乎苛求」為訴求。

M&M 巧克力以「只溶你口，不溶你手」為訴求。

Nike，以「Just Do It」為訴求。

Nokia，以「科技始終來自人性」為訴求。

家樂福以「天天都便宜」為訴求。

媚登峰，以「Trust me, you can make it.」為訴求。

中國信託，以「We are family」為訴求。

雀巢檸檬茶，以「清涼暢快到底」為訴求。

柯達軟片，以「它抓得住我」為訴求。

七喜汽水（7-UP），以「不含咖啡因的非可樂飲料」為訴求。

韓國濟州島的性愛主題公園（Love Land），以「表現人類對性愛的理解與認知」為訴求。

 問題與討論 ③

　　每所學校的校訓，旨在彰顯該校獨一無二的辦校理念與校風，也隱喻著該校最重要的「典範」（paradigm）。請直接畫線連連看，並從中圈選 1-3 個你認為最貼切者。

文藻	知新致遠，崇實篤行
輔英	篤信力行
輔大	誠樸雄偉
台大	積極創新，修德澤人
清華	敦品、勵學、愛國、愛人
交大	慈悲喜捨
政大	敬天愛人
成大	自強不息，厚德載物
中央	誠樸敬毅
中正	養天地正氣，法古今完人
東吳	樸實剛毅
銘傳	窮理致知
慈濟	親愛精誠
中原	專業、關懷、宏觀、氣質
淡江	真善美聖

二、尋找對照物

可口可樂曾推出一支廣告，主角是「高大壯碩的美式足球隊員」喬格林（Joe Greene），和一位「小巧可愛的 10 歲小男孩」。描述在一場激烈球賽後，疲倦不堪的喬格林擺著一副臭臉，走向小男孩。小男孩手裡握著一大瓶可樂，對喬格林投以崇拜欽佩的眼神，並把可樂遞給他。喬格林遲疑了一下，接下可樂，一口喝完。瞬間露出非常解渴的表情，神情愉悅地說：「謝了，小朋友。」

這個廣告，藉由「高大壯碩」與「小巧可愛」、「臭臉」與「微笑」的相互對照，充分表達出「來個可口可樂，來個微笑」的訴求。

對照物不難尋找，不管同類或異類，不論隨機隨性或強制強迫，俯拾皆是。如：

培根（F. Bacon，1561-1626，英國哲學家）以「肥料」對照「金錢」。[7]

莎士比亞以「月亮」對照「愛情」。[8]

叔本華（A. Schopenhauer，1788-1860，德國哲學家）以「船」對照「壓力」。[9]

彌爾（J. S. Mill，1808-1873，英國哲學家）以「豬」對照「蘇格拉底」[10]。

---

7. 「金錢就像肥料，散播出來才有用。」
8. 「愛情猶如月亮，不增則減。」
9. 「有些壓力是必須的，就像船，必須要有些東西去壓船，才能航行。」
10. 「寧可當一個不滿足的蘇格拉底，也不願當一隻滿足的豬。」

齊克果（Søren Kierkeraard，1813-1855，丹麥哲學家）以「酒醉農夫駕馬車回家」對照「人生」。[11]

普拉爾（Henri Pourrat，1887-1959，法國作家）以「旅館」對照「笑話」。[12]

巴特拉（R. A. Butler，1902-1982，英國政治家）以「女人裙子」對照「演講」。[13]

奧登（W. H. Auden，1907-1973，英國詩人）以「金錢」對照「愛情」。[14]

博基德（D. P. Burkitt，1911-1993，北愛爾蘭醫生）以「圍籬笆」對照「放救護車」。[15]

奧頓（J. Orton，1933-1967，英國劇作家）以「銀行」對照「女人」。[16]

---

11. 「人生就好像一個酒醉的農夫駕著馬車回家，表面上是農夫駕馬車，事實上卻是老馬拖著農夫回家。」
12. 「沒有笑話的生命，就像一條沒有旅館的路。」
13. 「演講應該像女人裙子——長到可以涵蓋主體，並且要短到能引人入勝。」
14. 「金錢不能買愛情的燃料，卻是優越的引火柴。」
15. 「與其在懸崖下放救護車，不如在懸崖上圍籬笆。」
16. 「女人像銀行，強行進入是很嚴重的事。」

創意 發想
CREATIVE MOTIVATION

問題與討論 ❹

請以「創意」為標的物，設定「對照物」。（多多益善，至少 5 個）

答：_____

_____

_____

_____

_____

三、揭露相似性

「相似性」包括關聯、比較、轉折……等關係。

這是隱喻類比成敗關鍵所在。

「相似性」如何揭露，自然與「標的物特性」及「對照物」密切相關。表達上，可以是簡短宗旨、或一句口號，甚至，只是一種視覺呈現。

蘋果電腦（Apple），曾在 1984 年的超級杯足球賽中，推出一則麥金塔電腦（Macintosh，Mac）廣告。廣告一開始以英國作家喬治歐威爾（George Orwell，1903-1950）的名著《1984》為場景，滿屋子奴隸正在聆聽大螢幕中的「大哥大」訓話，直到一名兼具力與美、身著蘋果電腦 T 恤的女子出現，用大鐵錘把電視螢幕砸壞，才解放了這批奴隸。特別的是，這則廣告純粹只有視覺效果，主打商品從頭到尾都沒有出現。蘋果電腦卻成功傳達了「自家品牌是人類救星」的訴求，令人印象深刻。

「百事可樂」有支不使用任何文字的平面廣告，主角是兩台併在一起的自動販賣機，左機賣自家商品，右機賣「可口可樂」。重點是，左機前方地板有明顯磨損痕跡（隱喻來來往往者眾），右機前方卻毫無異狀。這是同類間的對照，也是一種「視覺呈現」，用心不言可喻。

福斯汽車（Volkswagen）有款廣告，以「恐怖份子引爆汽車炸彈」為對照物，巧妙揭露「自家廠牌汽車堅固無比」。它描述一位恐怖份子駕著裝有炸彈的福斯汽車，準備開往市中心引爆。到達後，該名恐怖份子坐在車內勇敢按下遙控器，結果炸彈是引爆了，汽車卻沒有炸開。一行「簡短宗旨」緊接著出現：

Polo, Small but Tough.

　　克卜勒為了讓大眾更加了解「行星三大運動定律」[17]，以「鐘錶」為對照物，以「一句口號」巧妙揭露「行星的運行有如鐘錶般井然有序」。這是異類間的對照，效果卓著。

　　牛頓（I. Newton，1642-1727，英國物理學家）以「在海邊玩耍的小孩」為對照物，巧妙揭露「自己的成就」微不足道：

> 我不知道我在世人眼裡是什麼模樣？但我覺得自己就像是一個在海邊玩耍的小孩，一會兒在這兒撿到一塊特別光滑的鵝卵石，一會兒又在那兒檢到一個特別漂亮的貝殼，因而自得其樂，但展現在我面前那浩瀚的真理大海卻依然尚未被探索。

---

17. 行星三大運動定律，用數學把太陽系聯成一體：第一、行星運行軌道為橢圓形，太陽居其一焦點；第二、行星與太陽連線在等長時間內掃過相同面積。第三、行星繞行太陽一周所需時間 T、和行星到太陽距離 R（橢圓軌道的半長軸）之間關係為：$T^2 : R^3$ 為定數。參見曹亮吉《數學導論》。

 問題與討論 ❺

　　請針對「愛情」、「人生」及「本校師生關係」，分別尋找對照物，並巧妙揭露其相似性。每項至少 3 則。

答：愛情就像＿＿＿＿，＿＿＿＿＿＿＿＿＿＿＿＿＿＿＿＿＿＿

　　愛情就像＿＿＿＿，＿＿＿＿＿＿＿＿＿＿＿＿＿＿＿＿＿＿

　　愛情就像＿＿＿＿，＿＿＿＿＿＿＿＿＿＿＿＿＿＿＿＿＿＿

　　人生就像＿＿＿＿，＿＿＿＿＿＿＿＿＿＿＿＿＿＿＿＿＿＿

　　人生就像＿＿＿＿，＿＿＿＿＿＿＿＿＿＿＿＿＿＿＿＿＿＿

　　人生就像＿＿＿＿，＿＿＿＿＿＿＿＿＿＿＿＿＿＿＿＿＿＿

　　本校師生關係就像＿＿＿＿＿，＿＿＿＿＿＿＿＿＿＿＿＿＿＿

　　本校師生關係就像＿＿＿＿＿，＿＿＿＿＿＿＿＿＿＿＿＿＿＿

　　本校師生關係就像＿＿＿＿＿，＿＿＿＿＿＿＿＿＿＿＿＿＿＿

會心
一笑

士官長步仁道

　　步仁道是軍中的士官長。某天,他接到阿兵哥簡察冠爸爸死了的消息。點名時,他粗聲大氣的對簡察冠說:「喂!你爸爸死了!」簡察冠聽了當場昏過去。

　　過了不久,另一個阿兵哥吳奇的媽媽死了。步仁道又把部隊集合起來,當眾對吳奇說:「你媽媽昨天死了!」吳奇聽了嚎啕大哭!

　　上校涂形知道這事之後,便告誡步仁道以後部下家裡有喪事,要婉轉一點通知他們。

　　事有湊巧,過了不久,步仁道又接到阿兵哥關互索哥哥死了的消息。他謹記上校的話,便把所有士兵集合起來說:「凡是哥哥仍活得好好的,向前走一步……喂,關互索,你站在那裡不要動!」

長智慧:

(1) 不研究過去的人會重複錯誤,研究過去的人,會用另一種方式犯錯。

　　　　　　　　　　　　　　　　　　—吳爾夫(Charles Wolf Jr.,1949-,美國學者)

(2) 所謂知過能改,就是不以同樣的形式犯錯。

(3) 我的智慧:＿＿＿＿＿＿＿＿＿＿＿＿＿＿＿＿＿＿＿＿

廣告教父奧威格[18]

創意人

> 如果廣告活動不是由偉大的創意構成，那麼它不過是二流品而已。除非廣告建立在偉大的創意之上，否則就像夜航的船，不為人所注意。
>
> —奧格威（David M. Ogilvy，1911-1999）

出身英國的大衛·奧格威，是現代廣告業大師，一手創立奧美廣告公司，以敏銳的洞察力和對傳統權威的抨擊，創造出一種嶄新的廣告文化，有「廣告怪傑」、「廣告教父」（The Father of Advertising）之稱。曾有媒體將他與愛迪生、愛因斯坦、列寧、馬克思……等人，並列為對工業革命最具有貢獻的人物。

1911 年 6 月 23 日，奧格威出生於英國薩里郡的赫斯利村（West Horsley）。

奧格威的一生，「在不同的空間裡度過了幾個階段：在巴黎做廚師、在蘇格蘭賣爐具、為好萊塢做民意調查、服務於情報機構、在阿米什人那裡做農民，然後創辦廣告公司」[19]。

37 歲時，奧格威尚未涉足廣告業，從未寫過一篇文案，對市場一無所知，卻在 1948 年，憑著借貸來的 6,000 美元原始資金，在友人（Anderson F. Hewitt）協助下，創立" Hewitt Ogilvy, Benson & Mather" 廣告公司（奧美前身）。

---

18. 參見：http://www.blueidea.com/design/doc/2003/178.asp （廣告大師—奧格威的廣告準則）
http://news.sina.com.cn/cl/2004-12-06/12285137736.shtml（現代廣告教皇大衛—奧格威：從農夫到廣告人）

19. 1978 年，奧格威出版自傳《大腦，生血和啤酒》，在〈隧道盡頭的光亮〉一章的開頭如是說。

　　大器晚成的他，憑著獨特的人格特質、灑脫的人生觀，與非凡的創造力贏得盛譽。奧美公司在其經營管理下，從只有 2 名員工，發展至今，已成為國際性跨國廣告公司，在全球 100 個國家或地區，擁有 359 個分支機構。

　　奧格威自信心十足，勇於想像。他的言論與著作，涉及對廣告設計、公司管理，甚至為人處事的針砭，自成一格，至今仍廣為流傳，對現代廣告業影響深遠。他所提出的廣告信條，更被眾多廣告公司奉為圭臬。如：

　　不要打短打，你必須努力，每次都要全壘打。

　　絕對不要製作不願意讓自己太太、兒子看的廣告。

　　鼓勵創新，變革是生命源泉，停滯為我們鳴響喪鐘。

　　如果大眾傾聽廣告者的心聲，則其心聲必須別具一格。

　　說什麼比如何說更重要，訴求內容比訴求技巧更為重要。

　　如果你發現一個比你優秀的人——重金禮聘他。如果需要，甚至超過自己的薪水。

　　廣告業需要注入大量的天才。而天才極有可能在不循規蹈矩者、特立獨行者與反叛不拘者中產生。

　　1965 年，奧格威辭奧美廣告董事長職務，專心從事創作。

　　1973 年，退休，隱居於法國多佛古堡。

　　1999 年，去逝。

心有所感：＿＿＿＿＿＿＿＿＿＿＿＿＿＿＿＿＿＿＿＿

＿＿＿＿＿＿＿＿＿＿＿＿＿＿＿＿＿＿＿＿＿＿＿＿

＿＿＿＿＿＿＿＿＿＿＿＿＿＿＿＿＿＿＿＿＿＿＿＿

＿＿＿＿＿＿＿＿＿＿＿＿＿＿＿＿＿＿＿＿＿＿＿＿

＿＿＿＿＿＿＿＿＿＿＿＿＿＿＿＿＿＿＿＿＿＿＿＿

創意物

電梯[20]

沒有電梯，就根本不會有高樓大廈。

據說，早在羅馬尼祿王朝（Nero Claudius Ceasar，公元 37-68），就有人力升降器。由 16 個奴隸啟動繩子，吊拉放著角鬥士和野獸的木板，從地下運送到競技場上。

1743 年，法王路易 15（1715-1774）在凡爾賽宮安裝了世界第一部載人升降機，將椅子繫上繩索上下拉動，稱作「飛椅」（Flying Chair）。乘坐它可直達樓上情婦的房間。

1829 年，英國的喬治霍納在倫敦攝政王公園（Regent's Park）大劇場，安裝了世界第一部公共升降機。乘坐一次須繳 6 便士。

1854 年，美國人奧蒂斯（Elisha Graves Otis，1811-1861），在紐約水晶宮安裝世界第一部以蒸氣為動力的安全自動升降機。他在升降機的導向架裡加上牢固的棘輪，以防止升降機因繩索斷裂而突然下降；這讓電梯在速度及安全性上均有顯著提升。

此一發展，改變了城市風貌。50 年代末，紐約各大百貨公司和飯店，都安裝了自動升降機。而建築師也得以設計高樓層的建物，摩天大樓因而如雨後春筍般紛紛聳立。

1880 年，德國西門子（Siemens）公司終於製造出世界第一部電動載人升降機——電梯。被安裝在德國曼海姆工業展覽會觀察塔內。

---

20. 參見：

朱雅麗、何雋編輯，《改變世界的 100 項發明與發現》（臺北：明天，2006/8），頁 121。

http://tw.knowledge.yahoo.com/question/question?qid=1007050504722（電梯的發明者）

http://tw.knowledge.yahoo.com/question/question?qid=1004121101747（101 大樓的電梯跟其它電梯有什麼不一樣?）

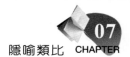
　　挾科技發展之便，電梯越造越精巧、安全性也越高。目前已進入智慧型運轉時代，藉由人工智慧系統（Artificial Intelligence）控管運輸方式，既便捷又安全。

　　值得一提的是，臺北市 101 大樓的電梯，每分鐘行駛 1,010 公尺，相當於時速 60 公里，由地下一樓直達 89 樓景觀台（全程 308 公尺），只要 40 秒，是目前世界上最快的電梯。

我的聯想：＿＿＿＿＿＿＿＿＿＿＿＿＿＿＿＿＿＿＿＿＿＿＿＿

＿＿＿＿＿＿＿＿＿＿＿＿＿＿＿＿＿＿＿＿＿＿＿＿＿＿＿＿＿＿

＿＿＿＿＿＿＿＿＿＿＿＿＿＿＿＿＿＿＿＿＿＿＿＿＿＿＿＿＿＿

＿＿＿＿＿＿＿＿＿＿＿＿＿＿＿＿＿＿＿＿＿＿＿＿＿＿＿＿＿＿

＿＿＿＿＿＿＿＿＿＿＿＿＿＿＿＿＿＿＿＿＿＿＿＿＿＿＿＿＿＿

家庭作業 ▶ （作擇一題，答之於後）

1. 請任擇一位本單元曾提及的名人（如加塞特、釋迦世尊、伏爾泰），或專有名詞（如歇後語、星雲（Nebula）、行星三大運動定律），尋找相關資料及趣聞軼事，然後有創意的表達。

2. 閱讀〈隱喻式思考〉（Roger Von Oech，黃宏義譯，《當頭棒喝》臺北：長河，1983/12，頁 52-61）。然後摘錄至少三則讓你有所感觸的句子，並對「宗教」提出隱喻類比。

3. 以下是幾部世界上最短的小說，請任擇其中一部，接續故事發展：
   言情小說：「他死的那天，孩子出生了。」
   武俠小說：「絕世高手，被豆腐砸死了。」
   科幻小說：「地球上的最後一個人獨自坐在房間裡，這時突然傳來敲門聲。」
   推理小說：「他死了，一定曾活過。」
   恐怖小說：「驚醒，身邊躺著自己的屍體。」

4. 請建議跟本單元主題相關的文章、網頁或視聽資訊，並說明出處及相關處。

我所選擇的作業及解答：＿＿＿＿＿＿＿＿＿＿＿＿＿＿＿＿

＿＿＿＿＿＿＿＿＿＿＿＿＿＿＿＿＿＿＿＿＿＿＿＿＿＿＿＿

＿＿＿＿＿＿＿＿＿＿＿＿＿＿＿＿＿＿＿＿＿＿＿＿＿＿＿＿

＿＿＿＿＿＿＿＿＿＿＿＿＿＿＿＿＿＿＿＿＿＿＿＿＿＿＿＿

＿＿＿＿＿＿＿＿＿＿＿＿＿＿＿＿＿＿＿＿＿＿＿＿＿＿＿＿

＿＿＿＿＿＿＿＿＿＿＿＿＿＿＿＿＿＿＿＿＿＿＿＿＿＿＿＿

延伸閱讀及推薦網頁、影片

1. Donald Noone，羅若蘋譯，〈用類推當做魚鉤〉（《創意解難題》，臺北：大塊，2003/4），頁 138-150。

2. 鄧育仁，〈生活處境中的隱喻〉（《歐美研究》第 35 卷第 1 期，頁 97-140）。論述在處境調節、行動導向的脈絡中，隱喻調理和系統如何可能著實在跨各別認知者的群體生活場域裡。

3. Richard Zacks 著，李斯譯：《西方歷史祕密檔案》（臺北：究竟，2003/5）。分成藝術及文學、商業、罪與罰、日常生活、醫術、宗教、科學、性、世界史、美國史等十類，描述凌亂不堪卻比教科書更為真實有趣的歷史事件（如愛迪生為了破壞商業勁敵喬治西屋的聲譽而惡意發明電椅、最早的可口可樂裡含有古柯鹼、拿破崙因痔瘡發作間接導致滑鐵盧敗北……），閱畢可擴大對過往歷史的視野。

4. 影片《悄悄告訴她》（Talk to Her）。本片由阿莫多瓦（Pedro Almodóvar）執導。描述男看護班尼諾（Javier Cámara 飾），照料因交通意外昏迷不醒的女植物人阿麗西亞（Leonor Watling 飾）。四年來，他一直陪伴在病床旁，全心全意照顧她，替她擦澡、洗髮、剪髮，對她說話，唸書報給她聽，告訴她街上所看的一切。他堅信，形體上儘管她已變成了植物人，但心上卻仍然能體會他所說的每一句話。他也感到這四年是他一生中最幸福的日子，因此有想要和她結婚的念頭。終於，他進入了她的身體，導致她「意外」懷了孕。他也因此被控強暴無行為能力者，判罪關入監獄。影片是以一段長達七分鐘，形式風格完全迥異的默劇「縮小的情人」[21] 來「隱喻類比」這段情節。

---

21. 描述女科學家的男友艾佛多，因誤食女友提煉出的減肥藥水，不斷地縮小。故事結尾，拇指般大小的男人，在女友丘陵起伏的曼妙裸體上攀爬行走，最後進入女友的陰道內，兩人得以永遠結合。這段「寓言」色彩濃厚的默片，隱喻著一個相對於渺小男性的巨大且神秘的女性形象，她是在許多民族神話中出現的「大地之母」。而男性進入女性的行為，則像是一個邁向未知的探險，也像是回歸子宮的返鄉之旅。

除了成功點破「溝通」其實是一種意念傳達、情感交流,可以超越形體阻礙與隔閡外;更高明地把班尼諾的行為,從表面上的「犯罪」(強暴),提升到抽象層次的「儀式」(溝通),剝離人際間作繭自縛的倫理、法律規範,跳躍到但憑心靈與信仰的宗教境界。這不禁令人深思:如果持續與植物人溝通,可以誠心召喚神蹟來臨(植物人甦醒,阿麗西亞因生子而奇蹟般醒過來),那麼這種溝通只限於「說話」嗎?肢體動作不也是一種溝通嗎?或許,「Talk to『her』」,其實是「對『神』說話」,更是「對『自己』說話」。本片以悲劇結局,令人動容。[22]

---

22. 參見:
http://app.atmovies.com.tw/movie/movie.cfm?action=filmdata&film_id=ften502 87467(悄悄告訴她 Talk to Her)
http://movie.cca.gov.tw/COLUMN/column_article.asp?rowid=37(阿莫多瓦的女神進化論)

Creative Motivation

CHAPTER
08

腦力激盪

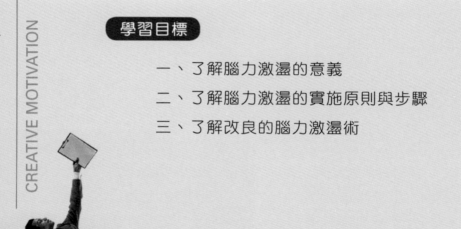

CREATIVE MOTIVATION

學習目標

一、了解腦力激盪的意義

二、了解腦力激盪的實施原則與步驟

三、了解改良的腦力激盪術

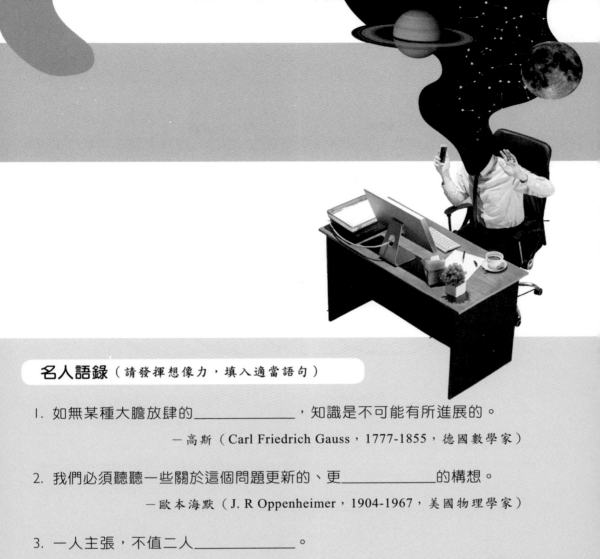

名人語錄 （請發揮想像力，填入適當語句）

1. 如無某種大膽放肆的＿＿＿＿＿＿＿，知識是不可能有所進展的。

　　　　　　　　—高斯（Carl Friedrich Gauss，1777-1855，德國數學家）

2. 我們必須聽聽一些關於這個問題更新的、更＿＿＿＿＿＿的構想。

　　　　　　　　—歐本海默（J. R Oppenheimer，1904-1967，美國物理學家）

3. 一人主張，不值二人＿＿＿＿＿＿。

　　　　　　　　　　　　　　　　　　　　　　　　—臺灣俗諺

我的有關「腦力激盪」的名言（自創或引用）：

＿＿＿＿＿＿＿＿＿＿＿＿＿＿＿＿＿＿＿＿＿＿＿＿＿＿＿＿

＿＿＿＿＿＿＿＿＿＿＿＿＿＿＿＿＿＿＿＿＿＿＿＿＿＿＿＿

＿＿＿＿＿＿＿＿＿＿＿＿＿＿＿＿＿＿＿＿＿＿＿＿＿＿＿＿

＿＿＿＿＿＿＿＿＿＿＿＿＿＿＿＿＿＿＿＿＿＿＿＿＿＿＿＿

如圖，四個橢圓相互交錯成七個區塊。請分別在每區塊內填入 1 到 7 中的某個數字（不能重複），讓每個橢圓形內的數字總和都一樣。

提示：至少有三種不同（意即總和數不同）的解答。

總和數一樣，只是排列方式左右對調，只算一種。

我的解答：＿＿＿＿＿＿＿＿＿＿＿＿＿＿＿＿＿＿＿＿＿＿＿＿＿＿

＿＿＿＿＿＿＿＿＿＿＿＿＿＿＿＿＿＿＿＿＿＿＿＿＿＿＿＿＿＿＿＿＿

＿＿＿＿＿＿＿＿＿＿＿＿＿＿＿＿＿＿＿＿＿＿＿＿＿＿＿＿＿＿＿＿＿

暖身活動

「如何在『口』字上任意加上兩個筆畫，使它成為另一國字？」

請盡量提出符合題意的答案（如「田」、「史」、「月」……）。多多益善（至少 20 個）。

答：_____

_____

_____

_____

_____

8-1 前 言

據説，周瑜（175-210）因為忌妒諸葛亮（181-234）才幹，故意約他商議要事，問他：「江上作戰，以何種兵器為先？」

諸葛亮回答：「弓箭。」

周瑜深表贊同，並以軍中缺箭為由，請諸葛亮三天內監造出 10 萬支箭。其實他是想藉此「不可能的任務」，趁機除掉諸葛亮。

諸葛亮領命後，帶著三位隨從到江邊察看，推測三天後將起大霧，於是想到「草船借箭」的妙計――吳軍船隻，可以乘著濃霧靠近曹操水寨「借」得 10 萬支箭。因而回報周瑜：「三日內若事情未成，甘願受罰。」

隨後，諸葛亮叫三位隨從在 20 艘小船兩邊插上草靶子，再以布幔掩蓋。三位隨從完成後向諸葛亮回報，並提出建議：「軍師真是神機妙算啊！但，目前的擺設有破綻，曹軍恐怕不會輕易上當！」

諸葛亮想聽三人意見，但他們希望隔天晚上安排妥當後再説。諸葛亮微笑點頭，靜觀其變。

隔天晚上，三位隨從請諸葛亮到江邊察看。只見每艘小船船頭都立著兩三個稻草人，套著皮衣、皮帽，看起來就像真人一樣。

諸葛亮看到這樣設計，不禁笑道：「真是智者千慮，必有一失，一人難敵三人之智呀！」

之後，曹軍在大霧中果然中計，萬箭齊發射向小船。諸葛亮也就輕輕鬆鬆借到十萬多支箭。

由於那三位隨從都是皮匠出身，於是也就出現「三個臭皮匠，勝過一個諸葛亮」的諺語。

大家集思廣益所激盪出的想法，往往會比孤軍奮戰來得豐富與精彩。

問題與討論 1

　　請列舉團體合作勝過個人作業的相關說法。如「孤掌難鳴」、「團結力量大」。多多益善，最少 5 則。（可自創）

答：_____

_____

_____

_____

_____

_____

8-2 何謂腦力激盪

　　腦力激盪（brainstorming），就好像把一群人聚集在一起雕塑。每個人都把泥土帶到會議中，整合成粗模後，不斷加以旋轉、修改、增減，直到大家都滿意的成品出現。[1]

　　1939 年，美國 BBDO（Batten, Bcroton, Durstine and Osborn）廣告公司創始人奧斯本（Alex F. Osborn，1888-1966），為了激勵員工表達多元意見，藉以提升廣告妙點子的數量，特別設計了「腦力激盪會議」（Brain Storming）。

　　這是一種在短時間內，由「一群人」激發出「大量構想」的方法。

　　所謂「一群人」，以 6 到 12 人最適當。

　　所謂「大量構想」，從充滿巧思到愚蠢荒謬、稀奇古怪，應有盡有。

---

1. 《創意思考玩具庫》，頁 402。

問題與討論 ❷

如圖，有一枚金幣放在某個箱子裡，箱子上各寫著一句話，但其中只有一句話是真的。

請問，金幣放在哪一個箱子裡？[2]

答：金幣在_____箱裡。

因為_____

_____

_____

2. 此謎題，乃某數學家根據莎士比亞（William Shakespeare，1564-1616）名劇
   《威尼斯商人》中的情節改編而成。

8-3　如何實施腦力激盪

尋找好點子沒什麼特別的方法，就是先找出一大堆的點子。

— 萊納斯・鮑林（Linus Pauling，1901-1994，美國化學家）

腦力激盪應在安靜、舒適的場所舉行，以避免不必要干擾，並收事半功倍之效。

現場最好有如電腦、投影機等視聽設備，以便即時呈現每一個意見。

進行時，務必遵守「四大公約」：

一、暫停批判

不管別人提出什麼意見，都不加批評或糾正。以免「把嬰兒和洗澡水一起倒掉」。因此，要盡量避免對他人意見使用如下語句：

「這想法不切實際。」

「這想法簡直不知所云。」

「這想法沒什麼高明之處。」

「這想法早就有人提過了。」

「這想法不具可行性。」

「這想法偏離主題。」

「這想法破壞現狀。」

「這想法有違道德。」

「沒有人會同意這樣的看法。」

…………

二、搭順風車

改良別人意見，延伸發揮。

特別是當點子熄火時，可根據幾個已提出的意見，順水推舟，加以「模仿改良」、或「媒合聯結」。

三、愈多愈好

暢所欲言，但求量多、不求質優。

「數量、數量，和更多的數量。是唯一的座右銘！」奧斯本如是說。

任何意見都佔有一席之地，包括好的、壞的、荒謬的、違反邏輯的、或沒有意義的。反正，多多益善。

四、愈奇愈妙

天馬行空，但求新奇、不求合理。

敞開心胸、大放厥詞，盡量小題大作、語不驚人死不休。因為，觀點愈多，就愈有挑選的空間，也就愈容易從中找到令人拍案叫絕的妙點子。

腦力激盪的進行，有賴主持人、記錄者和參與者的共同合作。

主持人應事先產生，可視情況，由具決策權力者擔任、或由參與者共同推選。但應盡量排除過度權威、或不苟言笑者。以免導致腦力激盪淪落為「一群不情願的人，在外行人領導下做的舉動。」[3]

主持人應預作準備，盡心籌備會議的進行。

記錄者可由主持人指定、或由相關職務者（如祕書）擔任，也可由參與者共同推選。

---

3. 《H^3 創意人》，頁 76。

參與者應盡量包括專業（或職務相關）、及非專業（或職務不相關）人士。

主持人應引導參與成員進行如下步驟：

1. 確立議題：

通常，議題早已於會議前訂定。

為了讓參與者對議題有最起碼的了解，主持人應親自或請相關人士提供基本資訊。唯應簡短不離題，避免詳論細節。

例如，針對「如何讓畢業典禮變得生動有趣」，可請學務長說明相關事項。

2. 釐清關鍵字眼：

為避免議題流於空泛，務必釐清關鍵字眼的涵義，以取得共識。

如，以「如何讓畢業典禮變得生動有趣」為例，應先釐清「畢業典禮」及「生動有趣」所指為何，然後重新表達為最終議題。如：「如何讓參加學院部畢業典禮的每個人，都笑到流眼淚？」

3. 開始腦力激盪：

主持人應再度強調四大公約的重要性，然後設法鼓勵大家暢所欲言。

如果冷場，常是氣氛過於嚴肅所致，主持人應想辦法讓大家放鬆。如，講笑話，或玩腦筋急轉彎。

適當提問，也是暖場的好方法。如針對「如何改變消費者習慣」此一議題，主持人可在一片沉寂時問大家：

「什麼產品會讓人心動？」

「什麼產品會讓人大吃一驚？」

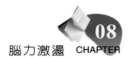
「什麼產品會吸引人的注意力？」

「什麼產品會讓人不想逛街？」

「什麼產品會讓人失去信心？」

………………

　　暫時抽離議題，討論一些似乎無關的事情，是另一個解凍妙方。如針對同上議題，主持人可請參與者閒聊各自嗜好、生日餐會、上下班途徑……等生活瑣事，讓大家在無壓力下發言，伺機激發聯想。

　　如果有成員違反四大公約、或表現欲及控制欲特強，主持人應及時制止。

4. 建立清單：

　　這是「收割」階段，也是腦力激盪的目的所在。

　　主持人應引導參與者重新審視所有意見，並依序（如「列入考量」、「有待發揮」、「暫時擱置」）分類，建立清單（意見相似者，可整合為一條），然後人手一張。（參見表 8-1）

　　此時，會議可暫時告一段落，大家共同進餐或娛樂（如到 KTV 飆歌、或一起玩 Wii），以示慶祝，順便讓清單上的點子在各人的腦海裡醞釀、發酵。

5. 評估：

　　重新啟會後，由主持人引導，請與會者（可以是先前的所有參與者、或另選出的專責小組）遵循已經擬定的評估原則（如成本區間、時間期限、合法性……），評估清單（可依「採用」、「修改」、「放棄」等標示），做成決議，並擬定策略，交付執行。

表 8-1

馬桶維修系　腦力激盪會議清單、決議與執行策略

一、時間：2007 年 6 月 6 日（星期三）　下午 3:10-4:30

二、地點：馬桶維修系資源教室

三、成員：施駱敢、高索德、童學慧、倪蘿荷、龍簡風、范統、孫忠杉、石自駕、何包淡、花陞米、寶輔汝、郝黎普

四、主持人：范統

五、記錄：郝黎普

六、原始議題：「如何既不上課而又不被記曠課？」

七、相關說明

　　1. 本校沒有外點制度，而是由授課老師指定同學負責點名，課後再把老師簽證過的點名單，送至學務處生輔組登錄。由於頗多同學有打工、約會及睡眠之需求，常無法出席，但又不想被記曠課、導致扣考，故設定此一議題。

　　2. 本校規定，任一課程，缺曠時數不得達授課時數 1/3 含以上，否則扣考。

八、釐清關鍵字眼

　　1.「不上課」：缺曠時數達授課時數 1/3 含以上

　　2.「不被記曠課」：不被扣考

九、最終議題：「如何缺曠時數達授課時數 1/3 含以上，而又不被扣考？」

十、意見清單

　　（一）列入考量

　　　　1. 巴結、追求、威脅利誘點名同學。

　　　　2. 請好朋友主動擔任點名同學。

　　　　3. 等點完名後再翹。

　　　　4. 選修不依校規指定點名同學的老師的課。

　　　　5. 選修不仔細簽證的老師的課。

　　　　6. 檢舉老師上課遲到早退，又常請假，影響學生上課意願。

　　　　…………

（二）有待發揮

　　1. 入侵學務處生輔組登錄系統，修改記錄。

　　2. 參與校務會議，提議修改點名制度。

　　3. 向教育部申訴，學校點名制度不合理。

　　4. 請替身上課。

　　5. 偽造簽名單，並假冒老師簽證。

　　…………

（三）暫時擱置

　　1. 暗殺老師。

　　2. 綁架學務處生輔組登錄人員小孩。

　　3. 和任課老師發生師生戀。

　　4. 控訴老師性騷擾。

　　5. 轉校。

　　…………

十一、評估：

　　1. 原則：

　　(1) 從授課老師身上著手

　　(2) 盡量避免衝突、對立

　　2. 決議：「選修不依校規指定點名同學的老師的課，並與該老師建立良好關係，並做好檢舉該老師教學不力之準備。」

十二、執行策略：

　　1. 請龍簡風同學負責調查各任課教師上課狀況，依「嚴」、「鬆」、「混」歸類，提供同學選課時參考。

　　2. 請倪蘿荷同學負責調查任課老師生日，到期致贈鮮花及賀卡。

　　3. 請何包淡同學負責於教師節舉辦謝師餐會，邀請任課老師小酌。

　　4. 請孫忠杉同學負責記錄「混」類老師上下課及請假狀況，詳列時間、日期，歸檔存查，以備不時之需。

問題與討論 ③

　　以下各題都可當作腦力激盪的「原始議題」，請釐清它們的關鍵字眼，然後重新表達為「最終議題」。

如何不讀書又得高分？＿＿＿＿＿＿＿＿＿＿＿＿＿＿＿＿＿＿＿＿＿＿＿

如何享受美食而又不發胖？＿＿＿＿＿＿＿＿＿＿＿＿＿＿＿＿＿＿＿＿＿

如何讓老闆加薪？＿＿＿＿＿＿＿＿＿＿＿＿＿＿＿＿＿＿＿＿＿＿＿＿＿

如何讓自己的人緣變好？＿＿＿＿＿＿＿＿＿＿＿＿＿＿＿＿＿＿＿＿＿＿

如何加強記憶力？＿＿＿＿＿＿＿＿＿＿＿＿＿＿＿＿＿＿＿＿＿＿＿＿＿

8-4　腦力激盪的改良作法

　　腦力激盪具有無拘無束、暢所欲言的優點。在此情境中，參與者很容易進入狀況，相互激盪出量質並重的好點子。

　　然而，有些人適合獨思，甚至必須在特定環境或特殊條件配合下，才能有效進行思考。則此方法將會干擾其思緒，出現量質並減的現象。

　　也就因此，有不少因時制宜的改良法。像仍以一群人為基礎的「66 討論法」、「635 默寫法」，以及適合個人操作的「SBS 法」（Solo Brain Storming）。

一、66 討論法

　　所謂「66」，就是把大團體（如每班 50 位學生）成員分為每「6」人一組，只進行「6」分鐘討論（此為原則，可視需要共同約定較長時間，如 2-3 分鐘），然後再回到大團體狀態，分享交流成果，建立清單，進行評估。

　　方法及程序如下：

1. 確立議題，並由總主持人或相關人士簡要說明相關背景。

2. 由總主持人引導，釐清關鍵字眼，並重新表達，形成最終議題。

3. 分組，每 6 人一組，各自帶至預定場地。

4. 每組推選主席、記錄者和發言代表。

5. 每組每人依序輪流發言 1 分鐘。時間不到不可停止，時間已到必須馬上住口。

6. 各組帶回原場地，由發言代表上台發表所得，並將記錄交予工作人員。

7. 分類建立清單，並依既定原則進行評估。

8. 決議，擬定策略，交付執行。

二、635 默寫法

　　所謂「635」，就是每「6」個人一組，每人在「5」分鐘內各寫出「3」個構想。參加成員不需要講話，也不會妨礙他人意見的表達。

　　方法及程序如下：

1. 確立議題，並由總主持人或相關人士簡要說明相關背景。

2. 由總主持人引導，釐清關鍵字眼，並重新表達，形成最終議題。

3. 分組，每 6 人一組，各自帶至預定場地。

4. 每組每人面前各放置一張「構想卡」（如，表 8-2）。

5. 每人針對議題，在「構想卡」上寫出 3 個構想，時間限制 5 分鐘。

6. 時間一到，把「構想卡」傳給隔鄰（依約定，或左或右）。

7. 在由隔鄰傳來的「構想卡」上，寫下另三個構想（可搭順風車）。

8. 每隔 5 分鐘一次，一共 6 次（依每組人數決定）。則一共可得 108 個構想。

9. 審視每個構想，分類建立清單（可剪下貼在分類表上、或鍵入電腦），並依既定原則進行評估。

10. 決議，擬定策略，交付執行。

表 8-2

組別：＿＿＿＿＿＿＿＿＿姓名：＿＿＿＿＿＿＿＿

原始議題：如何既享受美食而又不發胖？

最終議題：如何每天都不忌口而又維持標準身材？

1 1	2	3
4 2	5	6
7 3	8	9
10 4	11	12
13 5	14	15
16 6	17	18

三、SBS 法

　　本辦法適合喜歡獨思者、或缺乏成員時（如 Soho 族）使用。方法及程序如下：

1. 確立議題，並了解相關背景。

2. 釐清關鍵字眼，並重新表達，形成最終議題。

3. 在事先準備好的專屬筆記簿上寫下構想，不論品質優劣，一想到就寫下。每頁只寫一個（不妨圖文並茂），直到再也寫不出為止。

4. 分類建立清單，並依既定原則進行評估。

5. 決議，擬定策略，執行。

問題與討論 ❹

　　請釐清「先有雞，還是先有蛋？」此一問題的關鍵字眼，並重新加以表達。

答：＿＿＿＿＿＿＿＿＿＿＿＿＿＿＿＿＿＿＿＿＿＿＿＿＿＿＿＿

＿＿＿＿＿＿＿＿＿＿＿＿＿＿＿＿＿＿＿＿＿＿＿＿＿＿＿＿＿＿

＿＿＿＿＿＿＿＿＿＿＿＿＿＿＿＿＿＿＿＿＿＿＿＿＿＿＿＿＿＿

＿＿＿＿＿＿＿＿＿＿＿＿＿＿＿＿＿＿＿＿＿＿＿＿＿＿＿＿＿＿

會心
一笑

沒有角的牛

游樺第一次去參觀農場。

「天啊！」她指著一頭動物說：「那頭牛為什麼沒有角？」

農夫易恕汀一本正經解釋道：「牛沒有角有許多原因，有的是發生意外折斷了，有的是我們鋸掉的，有的是特別種生來不長角。不過，那頭動物沒有角，只有一個原因，它根本是一匹馬！」

長智慧：

(1) 認識鳥的名稱不等於認識鳥。

　　　　－理查‧費曼（Richard Feynman，1918-1988，美國物理學家）

(2) 除非有十足的把握，否則批評時切勿指名道姓。

(3) 我的智慧：＿＿＿＿＿＿＿＿＿＿＿＿＿＿＿＿＿＿＿＿＿

創意人

哆啦Ａ夢之父―藤子・Ｆ・不二雄 [4]

小時候，父母和老師都好像距離我們很遙遠似的，然而欺侮弱小的孩童卻無處不在。有了哆啦Ａ夢，許多孩童的心靈因此獲得慰藉，得以在同儕的欺凌、老師的責罰、媽媽的嚴威之下，還保留著一個歡欣的空間，這也是哆啦Ａ夢廣受國小學童喜愛的原因。

― 藤本弘（1933-1996）

　　不管是「機器貓小叮噹」或是「哆啦Ａ夢」，這個圓滾滾、來自未來世界的高智能機器貓，都曾經豐富了五、六年級生的想像世界，也繼續帶給七、八年級生歡樂的「異想」時光。

　　「藤子不二雄」是原創者，但「他」卻是兩個人的組合體。其中一人，即號稱「愛與夢想的創造家」、「哆啦Ａ夢之父」的藤子・Ｆ・不二雄。另一個是安孫子素雄。

　　藤子・Ｆ・不二雄本名藤本弘，1933 年 12 月 1 日出生於日本富山縣高岡市。1944 年就讀高岡市立定塚小學五年級時，認識了同年的安孫子素雄，展開長達 50 年的深厚友誼，並奠定合力創作的基礎。

　　小時候的藤本弘與安孫子素雄，都酷愛冒險，時常和朋友到學校後山尋幽探秘。雖然在現實世界中從未有過「奇遇」，但卻在日後漫畫的國度裡，把夢想實踐出來。哆啦Ａ夢中的許多場景，就是以學校後山為本。

　　藤本弘小學畢業後，進入高岡工藝專門學校中等部電氣科就讀。16 歲時，受到有「日本漫畫界不死鳥」之稱的手塚治虫（《怪醫黑傑克》、《原子小金剛》……作者）啟發，立志成為兒童漫畫家。初期，他曾把筆名定為手塚不二雄，並陸續向雜誌社投稿。

―――

4. 參見
http://zh.wikipedia.org/wiki/%E8%97%A4%E5%AD%90%E4%B8%8D%E
4%BA%8C%E9%9B%84（藤子不二雄）
http://www.comicart.com.tw/down/3/1-4.htm（藤子・Ｆ・不二雄）

1954 年，藤本弘為求專注於創作，赴東京定居。沒過幾年，作品便大量出現在漫畫刊物上。但真正奠定他在日本漫畫界地位的作品，是 1964 年發表的《Q 太郎》，從此躋身大師之林。

1970 年，藤本弘與安孫子素雄合作，創作《哆啦 A 夢》（Doraemon，又名「小叮噹」），並在《小學 1-4 年生》連載。

哆啦 A 夢系列漫畫，數年內賣出超過 1,000 萬本，是藤本弘漫畫生涯的高峰。1973 年，哆啦 A 夢榮獲「日本漫畫家協會優秀賞」，後來更獲「文部大臣賞」。

1987 年 12 月 23 日，藤本弘與安孫子素雄兩人決定拆夥，《多啦 A 夢》的後續故事便由藤本弘獨力創作，為了有所區隔，兩人分別在原筆名中加入自己姓氏開首字母。藤本弘筆名改為「藤子不二雄 F（Fujiko Fujio F）」（後來才改為「藤子・F・不二雄（Fujiko F Fujio）」），安孫子素雄則改為「藤子不二雄Ⓐ（Fujiko Fujio A）」。

藤子・F・不二雄後來為《多啦 A 夢》畫了許多全新人物，即後來的《哆啦 A 夢族（小叮噹一族）》。由於長期勞心勞力，於 1996/9/23 因肝病復發逝世，享年 62 歲。

藤子・F・不二雄過世後，仍有後起新秀延續哆啦 A 夢的生命，也繼續陪伴著孩童編織美夢。

心有所感：＿＿＿＿＿＿＿＿＿＿＿＿＿＿＿＿＿＿＿＿＿＿＿＿＿＿

＿＿＿＿＿＿＿＿＿＿＿＿＿＿＿＿＿＿＿＿＿＿＿＿＿＿＿＿＿＿＿＿

＿＿＿＿＿＿＿＿＿＿＿＿＿＿＿＿＿＿＿＿＿＿＿＿＿＿＿＿＿＿＿＿

＿＿＿＿＿＿＿＿＿＿＿＿＿＿＿＿＿＿＿＿＿＿＿＿＿＿＿＿＿＿＿＿

＿＿＿＿＿＿＿＿＿＿＿＿＿＿＿＿＿＿＿＿＿＿＿＿＿＿＿＿＿＿＿＿

「奇觀」（Wonder Works）自然現象博物館[5]

創意物

　　本館位於美國佛羅里達州奧蘭多市（Orlando），由建築師尼寇森（Terry Nicholson）所設計。

　　它的特色在於具有「顛覆性」外觀：一棟狀似巴哈馬法院的歐式建築被颶風吹起，然後上下顛倒（屋頂在下、地基在上）翻落在一棟低矮倉庫上，三角牆砸碎了地面走道。招牌「Wonder Works」倒著寫，門前掛著的棕梠樹也是倒著長。而為了營造效果，房子還會發出吱吱啞啞、仿佛搖搖欲墜的聲音。

　　遊客從裂縫中進入，可以參觀大約 100 種聲光互動的展覽，並可以親自設計雲霄飛車，然後試坐，體會地震、颶風等自然災害的真實效果。

我的聯想：_____

_____

_____

_____

_____

_____

---

5. 由於版權問題，無法直接引用照片，請自行上網查閱。可以從 Google 搜索引擎鍵入「Wonder Works」，然後按「圖片」搜尋，便可看到眾多不同角度拍攝的照片。

家庭作業 ▷ （作擇一題，答之於後）

1. 請任擇一位本單元曾提及的名人（如高斯、歐本海默、奧斯本）、或專有名詞（如草船借箭、KTV、Wii），尋找相關資料及趣聞軼事，然後有創意的表達。

2. 假設你被系主任任命為「創意激發組」組長，負責擬定一套提升全系師生創意能力的計畫書。請故意挑釁（「心智挑釁」）系主任權威，想出足以破壞全系師生創意能力的好點子。多多益善，至少 10 個。

3. 請使用 SBS 法，針對「如何提升南台灣檳榔西施外語能力？」這一議題（或自行設定），進行個人腦力激盪。並請仿照表 8-1，詳列釐清關鍵字眼後的最終議題、構想、分類清單、評估原則、決議與執行策略。

4. 請建議跟本單元主題相關的文章、網頁或視聽資訊，並說明出處及相關處。

我所選擇的作業及解答：＿＿＿＿＿＿＿＿＿＿＿＿＿＿＿

＿＿＿＿＿＿＿＿＿＿＿＿＿＿＿＿＿＿＿＿＿＿＿＿＿＿＿＿

＿＿＿＿＿＿＿＿＿＿＿＿＿＿＿＿＿＿＿＿＿＿＿＿＿＿＿＿

＿＿＿＿＿＿＿＿＿＿＿＿＿＿＿＿＿＿＿＿＿＿＿＿＿＿＿＿

＿＿＿＿＿＿＿＿＿＿＿＿＿＿＿＿＿＿＿＿＿＿＿＿＿＿＿＿

＿＿＿＿＿＿＿＿＿＿＿＿＿＿＿＿＿＿＿＿＿＿＿＿＿＿＿＿

延伸閱讀及推薦網頁、影片

1. 葛林著，陳蒼多譯，《語不驚人死不休》（臺北：業強，1989/1）搜羅包括「兩性‧婚姻」、「生活漫談」、「幽默的上帝」、「思想‧哲學」、「文化‧藝術」等領域的辛辣文句，幽默逗趣、直指人心，足以活化腦袋。可用於腦力激盪冷場時。

2. 祝敏娟、李珍，〈好態度勝過好口才〉（《創意來自完美的抄襲》，臺北：亞細亞，2001/11），頁 149-51。介紹藏族女孩向漢族觀光客推銷東西的絕招。

3. http://en.tp.edu.tw/composition/guide/brain/1.htm （ Brain-Storming Guided Writing）。利用腦力激盪術進行英文寫作教學的教案設計，包括活動解說、基本原則、教學過程、學生作品等部分。可當作相關單元的補充資料。

4. http://www.sfc.edu.hk/am/teaching/general/project/pages/big_6/1_brainstorm.htm（腦力激盪術）。簡要敘述進行一個人腦力激盪時的幾種作法。可當作「SBS 法」的補充資料。

5. http://istart.mfounder.com/baike/Lemma.asp?LemmaId=1591（詞條：世界十大最古怪建築）。其中有「奇觀」（Wonder Works）自然現象博物館的簡介。

6. 影片《玩具總動員 2》（Toy Story 2）。本片由迪士尼與 PIXAR 公司共同製作，以電腦動畫呈現。1999/11/24 發行，片長約 92 分鐘。內容描述，警長胡迪（Woody，湯姆漢克配音）在一次小意外中，被艾爾玩具店老闆發現，認為他是近代經典玩具之一，於是偷偷把他從小主人 Andy 家帶走，準備運往日本文化博物館展覽。在小主人家裡，宇航員巴斯光年（Buzz Lightyear，提姆艾倫配音）和其他玩具如火如荼的進行「腦力激盪」，討論如何救出胡迪。最後決議，由巴斯光年率領蛋頭先生、抱抱龍，及其他玩具，前往艾爾玩具店，進行搶救。歷經

千辛萬苦，大夥兒終於在艾爾家中找到了胡迪。不料，胡迪卻猶豫是否真的要回小主人家去當一個平凡的玩具？而巴斯光年又遇上死對頭札克大王，真的是險象環生。最後，當然是喜劇落幕。可當作「腦力激盪」補充教材。[6]

---

6. 相關資訊請參見：

http://starblvd.net/cgi-bin/movie/euccns?/film/2000/ToyStory2/ToyStory2.html
（玩具總動員 2）

參考
書目　References

依姓氏筆劃序：

1. Donald Noone，羅若蘋譯：《創意解難題》（臺北：金錢，2003/4）

2. Edward de Bono，唐潔之譯：《水平思考法》（臺北：桂冠，1983/3）

3. Edward de Bono，唐潔之譯：《思考探奇》（臺北：桂冠，1983/3）

4. Michael Michalko，羅若蘋譯：《創意思考玩具庫》（臺北：方智，1994/7）

5. Michael Gelb，劉蘊芳譯：《7 Brains－怎樣擁有達文西的七種天才》（臺北：大塊，1999/11）

6. Roger Von Oech，黃宏義譯：《當頭棒喝》（臺北：長河，1983/12）

7. Roger-Pol Droit，胡引玉譯：《拔一根頭髮，在幻想的森林中漫步》（臺北：大塊文化，2003/4）

8. Shira P. White，陳正芬譯，《H3 創意人》（臺北：遠流，2003/3）

9. 袁長瑞，《邏輯教室－袁大頭的推理遊時間》（臺北：天下，2003/8）

10. 袁長瑞，《靈光乍現－袁大頭的創意推理時間》（臺北：天下，2005/4）

11. 袁長瑞，《看笑話，長智慧》（臺北：出色，2005/5）

12. 詹宏志，《創意人》（臺北：臉譜，1996/6）

memo

Creative Motivation

 名人
語錄 參考答案

 CHAPTER 01 動動腦與顛覆習慣

1. 思考（全文為：「人只不過是一根蘆葦，是自然界裡最脆弱的東西，但他是一根會思考的蘆葦。他的全部尊嚴就在於思考，因此，別忘了要好好努力思考。這是道德原則！」）

2. 顛覆習慣

3. 想像力（全文為：「想像力比知識還重要。因為智識定義了我們目前已知與了解的一切，而想像卻讓我們發現新事物與創造一切。」）

 CHAPTER 02 心智枷鎖與智能多元論

1. 封閉

2. 自身視野

3. 心靈

 CHAPTER 03 垂直思考與水平思考

1. 想像力

2. 錯的問題

3. 死心眼／出乎意料

 CHAPTER 04 魔島理論與靈光乍現

1. 磨斧頭

2. 懶惰者

3. 一成不變

CHAPTER 05　模仿改良

1. 站在巨人的肩膀上

2. 參考

3. 模仿

CHAPTER 06　媒合聯結

1. 寓言／無用的瑣事

2. 工作／遊戲／閉嘴

3. 黃色／太陽

CHAPTER 07　隱喻類比

1. 創意

2. 近取譬（全文為：「夫仁者，己欲立而立人，己欲達而達人。能近取譬，可謂仁之方也矣。」意指仁者能以自身為度，設身處地，替別人著想。「能近取譬」，後衍生為善用例證詮釋言論的微言大義。

3. 妙（廟）、妙（廟）、妙（廟）。

CHAPTER 08　腦力激盪

1. 狂想

2. 瘋狂

3. 參詳

　　註：「主張」意指做決定、獨斷獨行，「參詳」意指商量、討論。「二人」是相較於一人言，意指多人。

memo

Creative Motivation

memo

Creative Motivation

memo

Creative Motivation

memo

Creative Motivation

memo

Creative Motivation

memo

Creative Motivation

memo

Creative Motivation

memo

Creative Motivation

memo

Creative Motivation

國家圖書館出版品預行編目資料

創意發想/袁長瑞編著. -- 四版. -- 新北市：新文京開發
出版股份有限公司, 2022.07
　　面；　公分

ISBN　978-986-430-855-2（平裝）

1. CST：創意　2. CST：創造性思考

176.4　　　　　　　　　　　　　　　111011229

創意發想（第四版）　　　　　　　　　（書號：E287e4）

編 著 者	袁長瑞
出 版 者	新文京開發出版股份有限公司
地　　址	新北市中和區中山路二段 362 號 9 樓
電　　話	(02) 2244-8188（代表號）
Ｆ Ａ Ｘ	(02) 2244-8189
郵　　撥	1958730-2
初　　版	西元 2007 年 09 月 10 日
二　　版	西元 2009 年 09 月 05 日
三　　版	西元 2013 年 10 月 01 日
四　　版	西元 2022 年 08 月 10 日

New Wun Ching Developmental Publishing Co., Ltd.

New Age · New Choice · The Best Selected Educational Publications—NEW WCDP